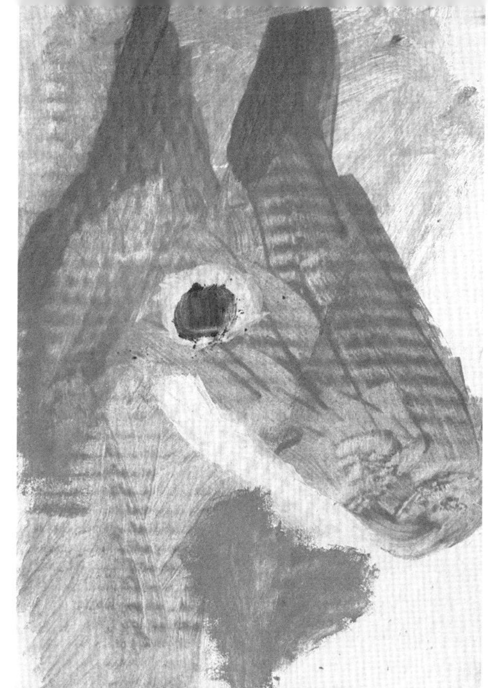

Abenteuer Spiel 3

Neue Sammlung kooperativer Abenteuerspiele

Christoph Sonntag

ziel
Gelbe Reihe : Praktische Erlebnispädagogik

Dieser Titel ist auch als eBook erhältlich
ISBN 978-3-96557-133-4

Sie finden uns im Internet unter
www.ziel-verlag.de

Bibliografische Information der Deutschen Nationalbibliothek
Die Deutsche Nationalbibliothek verzeichnet diese Publikation in der Deutschen Nationalbibliografie; detaillierte bibliografische Daten sind im Internet über *http://dnb.d-nb.de* abrufbar.

Printed in Germany

ISBN 978-3-96557-132-7 (Print)

Verlag:	ZIEL – Zentrum für interdisziplinäres erfahrungsorientiertes Lernen GmbH Zeuggasse 7–9, 86150 Augsburg, www.ziel-verlag.de 1. Auflage 2024
Titelbild und Wolfszeichnungen:	Jochen Plogsties
Lektoriat:	Ingrid Erne, Alex Ferstl
Illustrationen der Spiele:	Mara Jetter
Gesamtherstellung:	**FRIENDS** Menschen Marken Medien www.friends.ag

Klimaneutral gedruckt mit mineralölfreien Druckfarben auf möglichst umweltschonend produziertem Papier.

Inhaltsverzeichnis

Gemeinsam spielen. Für viele ein Abenteuer. Für alle ein Gewinn! 8

Kennenlernspiele 11

Einführung 12

Bis bald 16
Buchstabensalat 17
Das gehört zu mir! 18
Das längste Ohr und der kleinste Finger 19
Hilfe, Zombie! 20
Kennenlern-Knobeln 21
Namenslotterie 22
Netzwerk 23
Rechts oder Links 24
Schön, dass du da bist! 25
Speed-Dating 26
Spekulation 27
Tischgespräch 28
Wir haben X Personen gefragt 30
Zipp-Zapp-Zupp 32

Spaßspiele 33

Einführung 34

Aasgeier 35
Ango-Kia 37
Barilla Ball 39
Billy Bo und Schneewittchen 40
Blind Battle 41
Boarkh! 42
Darth Vader 44
Fische wedeln 46
Fliegenklatschen-Hockey 47
Fuchs und Huhn 48
H5N1 49
I've got the Power 50
Jump 51
Kampf der Jedis 52
Kaperfahrt 53
Kommt mal alle her! 55
Megamaxkin 56
Mutanten unter uns 57
Ninja 58
Pentagon 60
Ringkampf 62
Scrabble-Rennen 63
Song Contest 64
Square Dance 66
Super Smile 67
Tolle Rolle 68
Wichtelmännchen 69
Wort für Wort 70

Abenteuerspiele 71

Einführung 72

Arme über Kreuz 73
Ball entlang! 74
Bleistift–Spitzer–Papier 76
Der rettende Strohhalm 78
Doppelkeksauto 79
Familienfoto 80
Hand und Fuß 82
Konferenz 84
Längs und quer 86
Meeting-Point 89
Mega-Pass 90
Noppenbau Consulting GmbH 91
Nudeltransporter 93
Nudelzielwurf 96
Pangramm 98
Platzangst 100
Reifengraben 101
Rolling Stones 103
Seilgewirr 105
Snake 106
Stockballett 108
Taschenrechner 109
Treibjagd mit Hindernissen 110
Über sieben Nudeln musst du gehen 112
Unter Spannung 114
Verrücktes Labyrinth 116
Windei 118
Wurmloch 120

Online-Gruppenspiele 121

Einführung 122

Spaßspiele und Warming Ups 128

Alles mit T 129
Aus dem Eff-Eff-Eff 130
Buchstaben-Rätsel 131
Das lustige Adverbien-Spiel 132
Du siehst irgendwie anders aus! 133
Evolution digitalis 134
Freio 136
O.M.A (Obstsalat mal anders) 137
Was ist das? 138
Wer hat zuerst...! 139

Kooperationsaufgaben 140

Blinde Maus 141
Dream-Team-Competition 142
Fingerspitzengefühl 144
Jeder Buchstabe ist anders 145
One-Take-Musikvideo 146
Panto-Team-e 148
Stifte legen 150
Team-Memory 151

Reflexionen 153

Carcasonnogramm 154
Einander 155
Einsiedlerwege 156
Farben und Formen 157
Mein Beitrag – Dein Beitrag 158
Sag mir, was ich denke! 159
Was für ein Gewimmel 160

Spieleketten 161

Fünf gewinnt! 162
Mit Blind-Joe auf der Jagd nach dem verborgenden Schatz! 166
Möge die Macht mit euch sein! 170
Wir sind ein Team. Holt uns hier raus! 172
Zeitreise durch die Corona-Pandemie 175

Autor und Illustratoren 177

Gemeinsam spielen.
Für viele ein Abenteuer.
Für alle ein Gewinn!

Das vorliegende Buch ist eine Fortsetzung der Spielesammlung aus Band 2. Im Mittelpunkt stehen wieder „Abenteuerspiele" – spielerische Herausforderungen, die sich an Gruppen richten und von den Beteiligten erfolgreich gemeistert werden können, wenn alle zusammenarbeiten und sich auf gemeinsame Lösungswege verständigen.

Ein weiterer wichtiger Bestandteil dieser Spielesammlung sind die Kennenlernspiele. Diese oft unterschätzte und teilweise auch ungeliebte Spielform bildet den Grundstein für ein gelungenes Abenteuer Spiel. Kennenlernspiele sind in der Regel die ersten Spiele mit einer Gruppe und sollten daher besonders sorgfältig bedacht und ausgewählt werden. „Gute" Kennenlernspiele fördern die spielerische Begegnung und gewähren den Spielenden bereits einen ersten Ausblick auf das gemeinsame Abenteuer ohne diese jedoch zu überfordern oder zu langweilen. Mehr dazu, welche Kriterien bei der Spielauswahl wichtig sind und was ein gutes Kennenlernspiel ausmacht, steht in der theoretischen Einführung zu Beginn dieses Kapitels.

Es folgt ein umfangreiches Kapitel mit Spaßspielen. Spaßspiele haben einen fast ebenso großen Anteil in diesem Buch wie Abenteuerspiele, denn soziales Lernen ist dann besonders produktiv, wenn innerhalb der Gruppe eine Atmosphäre der Sicherheit und des Vertrauens besteht. Diese Atmosphäre entsteht nicht von selbst oder durch die Einsicht, dass dies bestimmt sinnvoll wäre. Das Gefühl von Sicherheit und Vertrauen entwickelt sich durch das gemeinsame Erleben und insbesondere durch positive spielerische Begegnungen und der Förderung der gemeinsamen Spielfreude. Das gemeinsame Eintauchen in das Abenteuer Spiel und das damit verbundene Loslassen von Kontrolle und Fassade führt zu einem positiven Gruppenerlebnis. Die Teilnehmenden lernen, sich untereinander zu vertrauen und mit jedem gelungenen Spiel steigt die Bereitschaft, sich auf ein weiteres spielerisches Abenteuer einzulassen – ganz egal, ob dies negative Auswirkungen auf das Outfit hat oder etwa Verhaltensweisen beinhaltet, die ich noch nie gezeigt habe. Und auch wenn sich natürlich nicht alle Konflikte und Dissonanzen in Gruppen einfach „wegspielen" lassen, tut es vielen Menschen doch gut, einfach mal nur zu spielen und das gemeinsame Spielerlebnis für sich wirken zu lassen.

Menschen im Erwachsenenalter fällt es oft schwer, sich auf ein gemeinsames Spiel einzulassen, da viele sich unwohl fühlen, wenn sie sich vermeintlich kindisch verhalten. Das Ziel der vorliegenden Spielbeschreibungen ist es daher, die Spielfreude von Jugendlichen und Erwachsenen (wieder-) zu beleben, ihnen Spaß zu bereiten, ohne dass sie sich im Spiel albern fühlen oder Sorge haben müssen, vorgeführt zu werden. Dazu wurden viele Spiele extra neu erfunden oder weiterentwickelt. Bei der Arbeit an neuen Spielideen und -varianten war vor allem das Herumexperimentieren mit zwei neuen Spielmaterialien sehr inspirierend: Schwimmnudeln und Fahrradschläuche.

Die bunten Schwimmnudeln aus dem Schwimmunterricht haben schon immer zum Spielen eingeladen. Der Durchbruch bei der Entwicklung neuer Spiele kam aber erst durch die Lektüre zweier großartiger amerikanischer Spielebücher („Fifty ways to use your noodle" und „Fifty more ways to use your noodle"), bei denen die Autoren die Schwimmnudeln kurzerhand in zwei gleichgroße Teile geschnitten haben. Dadurch werden die Schwimmnudeln deutlich handlicher und bekommen die notwendige Stabilität, um diese in Gruppenspielen sinnvoll einzusetzen.

Ein ganz neues Spielmaterial sind ausgediente Fahrradschläuche, die normalerweise in jedem Fahrradladen in der Mülltonne landen. Die Idee dazu entstand beim Fahrrad flicken in der heimischen Garage und der Vermutung, dass diese alten Schläuche durch ihre Robustheit und Dehnbarkeit doch ganz bestimmt ein prima Spielmaterial sind. Und dem ist auch so! Das Ergebnis aus zahlreichen Spielexperimenten mit diesen Fahrradschläuchen sind mehrere großartige Spaß- und Abenteuerspiele, die mit ausschlaggebend dafür waren, eine weitere Spielesammlung zu veröffentlichen.

In diesem Buch findet sich im Kapitel „Online Gruppenspiele" zudem eine ganz neue Form von Spaß- und Abenteuerspielen. Die dort beschriebenen Methoden sind Spiele, bei denen die gemeinsame Spielfreude und das Miteinander weiterhin im Mittelpunkt stehen und die Technik nur die Aufgabe hat, die fehlende Nähe zu überbrücken. Aus diesem spielpädagogischen Anspruch heraus sind beispielsweise eine online-taugliche Variante des Spieleklassikers „Obstsalat" entstanden bei der alle Spielenden umherlaufen müssen, oder „Freio" – ein Fangspiel, das über „Zoom" gespielt wird. Was bei der Anleitung dieser Spiele zu beachten ist und welche Besonderheiten bei Online-Spieleinheiten eine Rolle spielen steht in der theoretischen Einführung zu Beginn dieses Kapitels.

Wie im letzten Band sind auch in diesem Buch am Ende wieder mehrere Spielgeschichten beschrieben, bei denen die Spielenden im Rahmen von mehreren aufeinander aufbauenden Spielen und Reflexionsrunden über einen längeren Zeitraum in eine Spielwelt eintauchen können und der Gruppenprozess über mehrere Spiele hinweg weitergeführt und begleitet wird. Die Spielgeschichten variieren dabei von der klassischen Abenteuerreise bis hin zu einer Zeitreise durch die Corona-Pandemie oder einer digitalen Pirat*innenjagd mit obligatorischer Schatzsuche.

Die theoretischen Einführungen zu den Spielbeschreibungen in den Kapiteln Spaßspiele, Abenteuerspiele, Reflexionen und Spielgeschichten befinden sich neben vielen weiteren Spielbeschreibungen und -ideen im Band 2 der Abenteuer Spiel – Reihe. Abenteuer Spiel 1 ist im Gegensatz zu den anderen beiden Bänden keine Spielesammlung, sondern in erster Linie ein Fachbuch für Menschen, die diese Spielform in der pädagogischen Arbeit nutzen (möchten). Neben einer allgemeinen Einführung in die theoretischen Grundlagen der Kooperativen Abenteuerspiele beschäftigt sich der erste Band vornehmlich mit den Möglichkeiten und Herausforderungen, die sich bei der Durchführung Kooperativer Abenteuerspiele für die Spielleitung ergeben und gibt anhand von vielen Praxisbeispielen zahlreiche gute Tipps und Tricks zur Umsetzung.

Denn wie jedes Abenteuer bedarf auch das gemeinsame Spiel für ein erfolgreiches Erleben eine gute Vorbereitung und das entsprechende Handlungswissen. Dann wird das gemeinsame Spiel nicht nur ein Abenteuer für viele, sondern ein Gewinn für alle.

In diesem Sinne wünsche ich allen viel Spaß beim Spielen und viele tolle gemeinsame Abenteuer!

Kennenlernspiele

Einführung

Kennenlernspiele sind in aller Regel die ersten Spiele, die in einer Gruppe gespielt werden. Machen diese ersten Spiele schon Spaß und wecken die Spielfreude der Beteiligten, steigt automatisch die Bereitschaft, sich auf das Programm einzulassen und die Teilnehmenden gehen motiviert in die nächste Einheit. Gelingt dies nicht und die Kennenlernspiele werden als unnötiges Pflichtprogramm erlebt, sind langweilig oder werden von den Spielenden sogar als unangenehm erlebt, sinkt dementsprechend die Motivation der Gruppe und die Spielleitung hat es schwerer als zu Beginn der ersten Einheit.

Die Gruppe spielt zu Beginn ein Spiel, bei dem alle passend zu ihrem Namen ein Adjektiv finden sollen, das mit dem gleichen Anfangsbuchstaben anfängt. Eine Person beginnt und stellt sich kurz vor, z. B. als charismatischer Christoph oder als tolle Tina. Die Person zur Linken wiederholt nun, dass dies der charismatische Christoph ist und stellt sich selbst vor. Nacheinander wiederholen nun alle Spielenden die Namen der Person zuvor und sagen dann ihren eigenen Namen plus dem dazugehörigen Adjektiv. Nach einer Weile wird die Gruppe unruhig. Einzelne haben Probleme sich soviele Namen zu merken und werden nervös oder unsicher. Anderen wird es mit der Zeit langweilig und sie fangen an, sich mit ihrer Person nebenan zu unterhalten. Nachdem eine Person kaum einen der anderen Namen sagen konnte, lachen einige und die Spielleitung muss darauf hinweisen, dass es nicht in Ordnung ist, andere auszulachen. Daraufhin verdrehen die angesprochenen Spielenden die Augen und gucken genervt in die Runde. Der gemeinsame Spaß am Spielen ist vorbei und alle sind froh, als die Runde vorbei war.

Dieses Beispiel zeigt wie wichtig es ist, bei der Auswahl und Zusammenstellung dieser ersten Spieleinheit besonders sorgfältig vorzugehen. Zu Beginn der Planung steht die Frage nach dem Ziel einer spielerischen Kennenlerneinheit. Viele meinen, dass es vor allem darum geht, die Namen aller Beteiligten zu lernen. Dies geht besonders gut durch Wiederholungen. Unter diesem Aspekt ist das oben beschriebene Spiel eine sehr gute Wahl, denn danach können fast alle Teilnehmende die Namen der anderen Gruppenmitglieder. Die Freude am gemeinsamen Spiel und die Motivation auf weitere angeleitete Spiele ist allerdings dahin und die Spielleitung hätte ebenso gut mit einer Runde Vokabeln lernen starten können.

Ziel und Zweck von Kennenlernspielen

Viel wichtiger als das Lernen der Namen ist es, den Grundstein für eine angenehme Lern- und Arbeitsatmosphäre zu legen und die Motivation der Spielenden an der weiteren Teilnahme zu fördern. Dies geschieht vor allem, in dem zunächst darauf geachtet wird, bestehende Unsicherheiten seitens der Teilnehmenden abzubauen, die Interaktion unter den Teilnehmenden zu fördern und gemeinsam Spaß zu haben. Die Namen der anderen Gruppenmitglieder lernen die Spielenden schon im Laufe der gemeinsamen Zeit automatisch.

Abbau von Unsicherheiten

Anfangssituationen in Gruppen sind oft geprägt von längeren, etwas beklemmenden Schweigephasen, in denen die Spielenden nur leise miteinander reden und beginnende Gespräche schnell wieder abklingen. Der Grund für dieses Phänomen ist die allgemeine Unsicherheit. Die Spielenden kennen weder die Leitung noch die anderen Gruppenmitglieder und sind noch nicht mit den allgemeinen Abläufen und Gegebenheiten vertraut.

Die oberste Aufgabe der Spielleitung besteht in dieser Phase darin, ein Gefühl der Sicherheit zu vermitteln. Die Spiele sollten deshalb so ausgewählt werden, dass peinliche Situationen auf jeden Fall vermieden werden und niemand aus der Runde in Verlegenheit gerät. Aus diesem Grund eignen sich Spiele bei denen z. B. immer einer Person in der Mitte steht nur sehr bedingt bzw. nur dann, wenn die Person in der Mitte nichts vorführen muss.

Bei dem Spiel Zipp-Zapp-Zupp steht z. B. eine Person in der Mitte. Aber diese muss nur Kommandos geben und die eigentliche Aufgabe müssen die Spielenden in dem Sitzkreis übernehmen.

Ein Spiel wie Hilfe, Zombie ist nur bei Gruppen zu empfehlen, in denen bereits eine gewisse Vertrautheit und Offenheit vorhanden ist und die Spielenden wenig Angst davor haben, sich in für sie ungewohnter Pose vor den Anderen zu zeigen.

Spiele, die dagegen auch bei Gruppen mit vielen Unsicherheiten gut funktionieren sind z. B. *Netzwerk, Bis Bald* oder *Rechts oder Links.*

Austausch und Begegnung fördern

In der ersten Phase des Gruppenprozesses verhalten sich die Teilnehmenden oft noch sehr abwartend. Auf der einen Seite möchten sich alle von ihrer besten Seite zeigen, aber dabei nicht in den Mittelpunkt des allgemeinen Interesses geraten oder vorschnell auf irgendwelche Dinge, die sie gesagt oder getan haben festgelegt werden. Zudem brauchen viele auch erstmal ein wenig Zeit, den Alltag abzuschütteln und sich auf die Gruppe einzulassen.

Mithilfe von Kennenlernspielen ist es möglich, die Teilnehmenden in Bewegung zu bringen und sie zu animieren, sich auszutauschen und mit möglichst vielen Personen ins Gespräch zu kommen. Zudem kann die Spielleitung die Interaktionen mit spielerischen oder thematischen Impulsen kombinieren. Spiele, die diese Aspekte gut vereinen sind z. B. *Buchstabensalat, Speed-Dating* oder *Wir haben X Personen gefragt*.

Spielfreude vermitteln

Für den Aufbau einer angenehmen Gruppenatmosphäre reicht es nicht aus, nur die vorhandenen Unsicherheiten in den Blick zu nehmen und den Austausch zu fördern. Vielmehr sollte die Spielleitung mit jedem Spiel versuchen die Anwesenden noch ein kleines Stück mehr aus der Reserve zu locken. Wenn die Spielenden merken, dass es völlig okay ist, etwas Ungewöhnliches zu sagen oder zu machen und dies niemandem unangenehm sein muss, können sich die Beteiligten immer weiter entspannen und sich mehr und mehr auf den gemeinsamen Spielspaß einlassen.

Dafür ist es wichtig, dass die ausgewählten Spiele an der vorhandenen Spielerfahrung der Gruppe anknüpfen und die Spielenden nicht mit zu viel Albernheit oder Klamauk überfordert werden. Für manche Gruppen reicht schon die Aufforderung aus, sich bei der Begrüßung betont freudig anzulächeln oder bei einer gefundenen Gemeinsamkeit die Arme hochzuheben und laut eine Zahl zu rufen. In beiden Fällen werden die Anwesenden von der Spielleitung aufgefordert etwas zu tun, was im ersten Moment ungewohnt für sie ist. Und indem es alle machen und dabei erleben, dass dies keinerlei negative Konsequenzen für sie hat, sondern im Gegenteil sogar noch Spaß macht, entsteht eine wohlwollende Stimmung unter den Teilnehmenden und es wächst die Bereitschaft, sich auf die weiteren Spiele und Aufgaben einzulassen. Spiele, in denen dieser Effekt besonders gut zu erleben ist, sind z. B. *Schön, dass du da bist, Namenslotterie* oder *Kennenlern-Knobeln*.

Die richtige Auswahl an Spielen

Um im Vorfeld überhaupt ein Gefühl dafür zu bekommen, ob ein Spiel als Kennenlernspiel geeignet ist oder nicht, sind die folgenden Kriterien hilfreich:

- Während des Spiels sind alle Beteiligten gleichzeitig aktiv
- Während des Spiels entstehen immer wieder neue Kontakte und Anknüpfungspunkte
- Das Spiel berücksichtigt das Sicherheitsbedürfnis der Teilnehmenden
- Das Spiel knüpft an vorhandene Bedürfnisse und Interessen der Teilnehmenden an (Kinder: Spiele mit Bewegung, Erwachsene: Spiele mit Gesprächen)
- Das Spiel ist in der Lage, allen entspannt Freude zu bereiten (es gibt keine Spielsituationen mit Wettbewerbs- oder Vorführcharakter)

Allgemeine Tipps zur Planung und Durchführung

Generell sollte der Fokus der Kennenlernspiele immer mehr auf dem Prozess und weniger auf dem Ergebnis liegen. Solange die Anwesenden durch das Spiel in Bewegung kommen, Begegnungen stattfinden und alle Beteiligten Spaß am gemeinsamen Austausch haben ist es völlig egal, ob z. B. eine Frage richtig beantwortet wurde oder ein bestimmtes Team nun gewonnen hat oder nicht.

Die Länge einer Kennenlerneinheit ist in erster Linie abhängig von der Dauer der bevorstehenden Gruppenphase. Handelt es sich lediglich um ein halbtägiges Zusammentreffen reichen 1 – 2 kleinere Spiele zur Auflockerung der Atmosphäre und die persönliche Ansprache läuft über den Einsatz von Namensschildern. Bei ganztägigen Gruppentreffen kann es dagegen sinnvoll sein, mehr Zeit für die Einstiegsphase einzuplanen. Ein intensiver Austausch zu Beginn einer Gruppenphase ermöglicht eine vertrautere Atmosphäre und legt somit den Grundstein für einen offenen, wertschätzenden Umgang der Teilnehmenden untereinander. Falls Gruppen sich über mehrere Tage treffen hat die Spielleitung sogar die Möglichkeit, mit einer längeren Kennenlerneinheit zu starten und diese in den darauffolgenden Tagen fortzuführen und jeden Tag mit einem anderen Kennenlernspiel zu beginnen. Die Teilnehmenden werden immer vertrauter untereinander und der Austausch geht weit über das Kennen der Namen hinaus.

Bis bald

Ort:
Raum, Wiese

Dauer:
5 – 10 Minuten

Gruppe:
Für Gruppen von 9 – 30 Personen

Hilfsmittel:
Keine

Vorbereitung:
Keine

Spielbeschreibung:
Zu Beginn des Spiels gehen alle Personen in Kleingruppen von jeweils 3 – 5 zusammen und verteilen sich innerhalb des Raumes. Die Spielleitung gibt nun in mehreren Runden verschiedene Gesprächsthemen vor, zu denen die Kleingruppen sich austauschen sollen. Nach jeder Runde muss eine Person aus jeder Kleingruppe ihre Gruppe verlassen und im Uhrzeigersinn zur nächsten Gruppe wechseln. Die verbliebenen Spielenden verabschieden die Person mit einem fröhlichen „Bis bald".

Folgende Themen eignen sich besonders gut:

- Welche Unfälle hattet ihr bereits in eurem Leben? Die Person mit den meisten (behandelten) Knochenbrüchen wechselt die Gruppe.
- Welche Fernreisen habt ihr bereits unternommen? Die Person mit der weitesten Reise wechselt die Gruppe.
- Welche Witze könnt ihr erzählen? Die Person mit dem besten Witz wechselt die Gruppe.
- Welche kieferorthopädischen Behandlungen wurden bei euch gemacht? Die Person, die am längsten eine Zahnspange tragen musste, wechselt die Gruppe.
- Welche Fortbildungen oder Kurse habt ihr mitgemacht? Die Person mit dem ungewöhnlichsten Bildungsthema wechselt die Gruppe.
- Welche Merksätze bzw. Weisheiten haben eure Eltern euch immer wieder gesagt? Die Person mit dem ungewöhnlichsten Satz wechselt die Gruppe.
- Welches Essen gibt es bei euch traditionell an Weihnachten? Die Person mit dem ungewöhnlichsten Gericht wechselt die Gruppe.
- Welche Möbelstücke aus eurer Wohnung sind von Ikea? Die Person, die am längsten mit dem Aufbau eines Möbelstückes beschäftigt war, wechselt die Gruppe.
- Wohin seid ihr in der Schule auf Klassenfahrt gefahren? Die Person mit dem entferntesten Reiseziel wechselt die Gruppe.
- Welche sozialen Medien nutzt ihr und wofür? Die Person mit den meisten Facebook-Freundschaften wechselt die Gruppe.

Kommentar:
Im Mittelpunkt dieses Spieles steht der persönliche Austausch. Aus diesem Grund sollte die Spielleitung zunächst nur das jeweilige Gesprächsthema vorgeben und einige Minuten warten, bevor sie verkündet, nach welchem Kriterium die Personen ausgewählt werden, die die Gruppen wechseln. Ansonsten kann es passieren, dass die Spielenden lediglich intern abklären, wer wechselt und das eigentliche Gespräch ausbleibt.

Buchstabensalat

Spielbeschreibung:
Alle Spielenden schreiben den Anfangsbuchstaben ihres Vornamens und einen weiteren beliebigen Buchstaben aus dem eigenen Vornamen auf eine Karte.

Dann verteilen sich alle Anwesenden im Raum und stellen sich zu zweit zusammen. Die so entstandenen Paare haben nun die Aufgabe, mindestens vier Wörter zu finden, in denen alle vier Buchstaben aus ihren beiden Vornamen vorkommen. Sobald sie dies geschafft haben, rufen sie laut „Bingo".

In einer zweiten Runde bilden sich Vierergruppen. Jede Vierergruppe soll nun drei Wörter finden, in denen die acht Buchstaben der vier Gruppenmitglieder vorkommen.

Danach werden Sechsergruppen gebildet, die zwei Wörter finden müssen und in einer abschließenden Runde versuchen alle gemeinsam, ein Wort zu bilden, in dem die zwei Buchstaben aller Mitspielenden vorkommen.

Kommentar:
Dieses Spiel kombiniert eine einfache Namensrunde mit einem ersten kreativen Prozess. Je nachdem, ob die Spielenden sich immer wieder neu zusammenfinden oder bestehende Paarungen zusammenbleiben, werden immer neue Wörter gefunden oder bestehende Wörter aneinandergereiht. Reizvoll kann beides sein.

Ort:
Raum, Wiese

Dauer:
5 – 10 Minuten, je nach Gruppengröße

Gruppe:
Für Gruppen von 6 – 30 Personen

Hilfsmittel:
Moderationskarten, Stifte

Vorbereitung:
Keine

Das gehört zu mir!

Ort:
Raum, Wiese

Dauer:
30 – 45 Minuten

Gruppe:
Für Gruppen von 6 – 16 Personen

Hilfsmittel:
Blickdichter Beutel, Beamer, Laptop oder Smartphone

Vorbereitung:
Keine

Spielbeschreibung:
Dieses Spiel besteht aus drei Phasen. In der ersten Phase bittet die Spielleitung alle Anwesenden, jeweils zwei bis drei Dinge aus ihrem Portemonnaie herauszusuchen, die eine besondere Aussagekraft über sie haben und den anderen nicht schon bekannt oder ohnehin ersichtlich sind. In einer anschließenden Runde sagen alle nacheinander ihren Namen und stellen sich der Gruppe nur anhand der ausgewählten Karten oder Gegenstände kurz vor.

In der zweiten Phase werfen die Spielenden ihre persönlichen Schlüsselbünde in einen blickdichten Beutel. Wenn alle ihre Schlüssel abgegeben haben, zieht die erste Person einen beliebigen Schlüsselbund aus dem Beutel (nur nicht den eigenen) und versucht anhand der verschiedenen Schlüssel und Anhänger zu erraten, wem dieser gehört. Nach dem ersten Fehlversuch können auch die anderen Tipps geben, so dass der Schlüsselbund nach spätestens drei Fehlversuchen der richtigen Person zurückgegeben werden kann. Dann wird der Beutel reihum weitergegeben und jede Person zieht einen Schlüsselbund, analysiert diesen und gibt einen Tipp ab, wem er gehört.

In der letzten Phase lädt die Spielleitung alle dazu ein, ihr Smartphone in die Hand zu nehmen und der Spielleitung das letzte Foto, das sie gemacht haben, per E-Mail, SMS oder WhatsApp zu schicken. Die Spielleitung sammelt alle Bilder in einem Ordner und präsentiert sie anschließend der Gruppe. Für die Präsentation der Fotos gibt es drei Möglichkeiten:

1. Die Spielleitung geht zu allen Spielenden und zeigt die Fotos auf ihrem Endgerät.
2. Es wird über einen Messenger-Dienst eine Gruppe gebildet. Die Spielleitung sendet die Fotos nacheinander an diese Gruppe und alle schauen sich die Bilder auf ihrem eigenen Endgerät an.
3. Die Fotos werden per Beamer auf eine Leinwand projiziert.

Bei jedem Bild soll die Gruppe zunächst raten, um wessen Foto es sich handelt. Anschließend erzählt die entsprechende Person kurz, was auf dem Bild zu sehen ist und wie es zu der Aufnahme gekommen ist.

Kommentar:
Um unnötige Wartephasen zu vermeiden, ist es sinnvoll, die Teilnehmenden schon vor Beginn des eigentlichen Spieles zu bitten, der Spielleitung ihr letztes Smartphone-Foto zu schicken. Diese Bitte beinhaltet einen gewissen Vertrauensvorschuss an die Spielleitung. Das öffentliche Zeigen dieser Fotos sollte deshalb nur mit dem ausdrücklichen Einverständnis der Teilnehmenden geschehen und die Bilder sollten anschließend sofort wieder von der Spielleitung gelöscht werden. Das Verschicken und Zeigen der Fotos beinhaltet zudem einen gewissen technischen Aufwand, aber es ist immer wieder erstaunlich, wie unterschiedlich die Aufnahmen sind und welche Aussagekraft hinter den persönlichen Geschichten dazu steckt.

Das längste Ohr und der kleinste Finger

Spielbeschreibung:
Zu Beginn gehen alle Spielenden kreuz und quer durch den Raum. Dann fordert die Spielleitung alle auf, die anderen Personen ganz bewusst von oben bis unten zu mustern und dabei immer wieder laut „hmm", „aha", „oho" oder „Schau an, schau an" zu murmeln.

Während sich alle gegenseitig mustern, gibt die Spielleitung verschiedene Fragen in die Runde, die sich jeweils auf eine bestimmte Äußerlichkeit beziehen, z. B.:
Wer hat den kleinsten kleinen Finger?
Wer hat die größten Ohren?
Wer hat die längsten Schuhe?
Wer hat die kürzesten Haare?

Die Spielenden gehen zunächst weiter umher und sollen nur durch Beobachtung herausfinden, auf wen die gesuchte Beschreibung am ehesten zutreffen könnte. Dann gibt die Spielleitung ein Signal und alle stellen sich zu der Person, die ihrer Meinung nach am ehesten in Frage kommt. Werden auf diese Weise mehrere Personen nominiert, kommt es zu einem direkten Vergleich und die Spielleitung misst die jeweiligen Merkmale mit einem Zollstock oder Lineal. Nach drei Runden endet das Spiel.

Ort:
Raum, Wiese

Dauer:
5 – 10 Minuten

Gruppe:
Für Gruppen von 12 – 30 Personen

Hilfsmittel:
Evtl. Lineal oder Zollstock

Vorbereitung:
Keine

Kommentar:
Um den gemeinsamen Spielspaß nicht zu beeinträchtigen, ist es wichtig, nur Fragen nach Körperteilen bzw. Merkmalen auszuwählen, die möglichst unverfänglich und relativ unbedeutend für das allgemeine Schönheitsideal sind.

Viele scheuen sich zunächst davor, die anderen ungeniert von Kopf bis Fuß zu mustern und trauen sich erst mitzumachen, wenn die Spielleitung selbst mitspielt und die anderen, von lauten Ausrufen begleitet, von oben bis unten begutachtet.

Dem eigentlich nachvollziehbaren Wunsch, sich zu Beginn in der Gruppe umzuschauen, wird dadurch – spielerisch überzogen – nachgegangen und alle haben die Möglichkeit, sich gegenseitig zu betrachten.

Hilfe, Zombie!

Ort:
Raum, Wiese

Dauer:
5 - 10 Minuten

Gruppe:
Für Gruppen von 8 - 30 Personen

Hilfsmittel:
Keine

Vorbereitung:
Keine

Spielbeschreibung:
Bis auf eine Person stehen alle Spielenden in einem großen Kreis. Die verbleibende Person steht in der Mitte und übernimmt die Rolle des Zombies.

Der Zombie fixiert mit den Blicken jemanden aus der Runde und geht mit langsamen, abgehackten Bewegungen zombieartig auf sein potenzielles Opfer zu. Die ausgewählte Person erstarrt vor Schreck und wählt mit ihren Blicken eine andere Person aus der Runde aus, die sie hilfesuchend anstarrt. Die Aufgabe dieser Person ist es nun, dem Zombie den Namen eines neuen Opfers zuzurufen, bevor er seine Zielperson erreicht hat. Erst wenn ein neuer Name gerufen wird, wendet sich der Zombie vom ausgewählten Opfer ab und steuert auf die Person zu, deren Namen ihm zugerufen wurde. Die aufgerufene Person erstarrt nun ihrerseits und schaut hilfesuchend jemanden aus der Runde an, der oder die schnell den Namen eines neuen Opfers rufen muss. Gelingt es dem Zombie, eine Person zu erreichen, bevor der Name einer neuen Zielperson genannt wurde, werden die Rollen getauscht und die berührte Person wird zum Zombie und muss in die Mitte.

Kommentar:
Wichtig ist, dass sowohl der Zombie als auch die Person, auf die der Zombie zusteuert, bei ihrer Wahl bleiben und mit ihren Blicken nicht von einer Person zur nächsten wechseln.

Darüber hinaus muss der Zombie sich bewusst sein, dass Zombies sich nur recht langsam und stockend bewegen können.

Kennenlern-Knobeln

Spielbeschreibung:
Alle Anwesenden gehen kreuz und quer durch den Raum und finden sich paarweise zusammen. Die beiden einigen sich, wer „Gerade" und wer „Ungerade" zugeordnet bekommt und fangen an zu knobeln. Dabei schwingen beide mit einem Arm hin und her und sagen gemeinsam „Schnick, Schnack, Schnuck". Bei „Schnuck" zeigen beide Spielenden mit ihren Fingern eine Zahl von 1 bis 5 (die Anzahl ist unabhängig davon, ob eine Person „Gerade" oder „Ungerade" hat). Die gezeigten Finger der beiden werden addiert und die Summe entscheidet, wer etwas von sich erzählen muss.

Bei allen geraden Zahlen (2, 4, 6, 8, 10) muss die Person, die „Gerade" gewählt hatte, erzählen; bei „Ungerade" (1, 3, 5, 7, 9) ist die andere Person an der Reihe. In jeder Runde geht es um die Frage, was die gezeigte Gesamtzahl mit dem eigenen Leben zu tun hat, z. B. „Ich habe drei Kinder", „Ich hatte mal in Französisch eine fünf", „Heute morgen bin ich um sieben aus dem Haus gegangen" oder „Vor neun Tagen war ich in einem wunderschönen Park spazieren".

Anschließend knobeln die beiden erneut. Nach zwei Runden lösen sich die Paarungen auf und beide suchen sich neue Spielpartnerinnen oder Spielpartner.

Kommentar:
Die Spielleitung sollte bei der Anleitung betonen, dass der Zusammenhang zwischen Zahl und Person immer der Wahrheit entsprechen sollte, aber durchaus weit interpretiert werden kann, z. B. „Mit acht Jahren wollte ich unbedingt ein eigenes Pferd haben" oder „In drei Jahren bin ich zehn Jahre in meiner Firma". Dadurch wird der Druck aus dem Spiel genommen und die Kreativität gefördert.

Ort:
Raum, Wiese

Dauer:
5 - 10 Minuten

Gruppe:
Für Gruppen von 6 - 30 Personen

Hilfsmittel:
Keine

Vorbereitung:
Keine

Namenslotterie

Ort:
Raum, Wiese

Dauer:
5 - 10 Minuten

Gruppe:
Für Gruppen von 12 - 30 Personen

Hilfsmittel:
Moderationskarten, Stifte, evtl. Schere

Vorbereitung:
Keine

Spielbeschreibung:
Die Spielenden schreiben ihren Namen in zwei Wortteile getrennt auf zwei Karten. Die richtige Silbentrennung spielt dabei keine Rolle (z. B. Ni-ls, Mi-a oder Joh-anna).

Wenn alle so weit sind, beginnt die eigentliche Lotterie. Alle gehen kreuz und quer durch den Raum und tauschen permanent ihre Karten untereinander. Für den Tausch gelten folgende Regeln:

- Es darf immer nur eine Karte auf einmal getauscht werden.
- Die Karten werden verdeckt übergeben.
- Nach jedem Tausch müssen sich die Paare trennen und neue Tauschpartnerinnen und Tauschpartner suchen.

Die Spielenden kontrollieren nach jedem Tausch, welche Karten sie in der Hand haben. Sobald eine Person im Besitz von zwei zueinander passenden Wortteilen ist, ruft sie laut „Bingo" und nennt den entsprechenden Namen. Die genannte Person gibt sich kurz zu erkennen und die Lotterie geht weiter. Nach einer vorher festgelegten Zahl von „Bingos" (4 - 7) endet das Spiel. Alle bekommen ihre beiden eigenen Namenskarten zurück und legen sie für alle sichtbar vor ihren Platz.

Netzwerk

Spielbeschreibung:
Bei diesem Spiel geht es darum, die Gemeinsamkeiten der Spielenden hervorzuheben und sie auf einem Plakat aufzuschreiben. Dazu bittet die Spielleitung alle zu Beginn des Spiels, ihren Namen auf eine der vorbereiteten Moderationskarten rund um das Plakat zu schreiben.

Anschließend gehen alle kreuz und quer durch den Raum und suchen sich immer wieder eine neue Person. Sobald sich ein Paar gefunden hat, überlegen die beiden, welche Gemeinsamkeit sie wohl haben. Welche Vorlieben, Marotten, Reiseziele, Hobbies, Berufswünsche oder ähnliches gibt es, die sie gemeinsam haben? Besonders offensichtliche Gemeinsamkeiten wie z. B. „Wir haben beide eine Mutter" oder „Wir nehmen beide an diesem Seminar teil" sind dabei eher uninteressant und sollten vermieden werden.

Sobald zwei Personen eine Gemeinsamkeit gefunden haben, gehen sie zu dem Plakat, verbinden ihre beiden Namenskarten mit einer geschwungenen Linie und schreiben auf die Linie ihre gefundene Gemeinsamkeit. Anschließend suchen sich beide jemand anderen für ein Gespräch.

Das Spiel endet, wenn alle Spielenden mit jeder anderen Person aus der Runde eine Gemeinsamkeit gefunden haben und deren Namenskarten mit einer Linie verbunden sind.

Variante:
Bei größeren Gruppen kann die Spielleitung auch eine bestimmte Anzahl an Personen vorgeben, mit denen eine Gemeinsamkeit zu finden ist, z. B. mit mindestens sieben Personen aus der Gruppe.

Kommentar:
Der Reiz des Spieles liegt darin, dass durch die Moderation schon vorausgesetzt wird, dass alle mindestens eine Gemeinsamkeit miteinander haben und diese nur noch herausgefunden werden muss.

Als schönen Nebeneffekt hat die Gruppe am Ende dieses Spiels ein großes Plakat, auf dem alle Namen zu sehen sind, die miteinander verbunden sind und ein gemeinsames Netzwerk bilden.

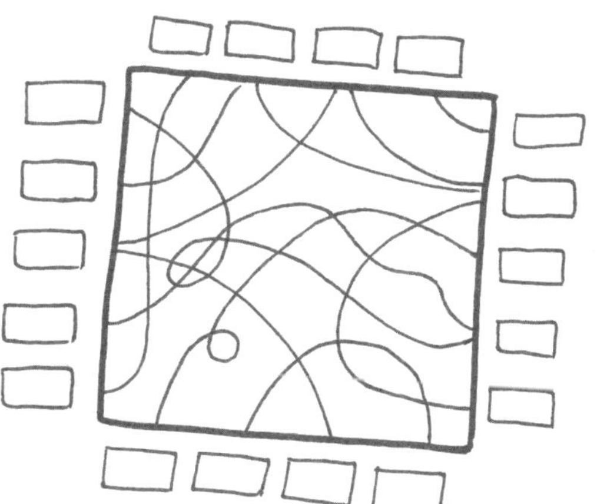

Ort:
Raum, Wiese

Dauer:
15–20 Minuten

Gruppe:
Für Gruppen von 6–30 Personen

Hilfsmittel:
großes Plakat, Namenskarten für alle Spielenden, Pinnwand

Vorbereitung:
Ein großes unbeschriebenes Plakat aufhängen. Für jede Person aus der Runde eine Moderationskarte rund um das Plakat kleben. Mehrere bunte Filzstifte oder Textmarker bereitlegen.

Rechts oder Links

Ort:
Raum, Wiese

Dauer:
5 – 10 Minuten

Gruppe:
Für Gruppen von 6 – 30 Personen

Hilfsmittel:
Keine

Vorbereitung:
Keine

Spielbeschreibung:
Zu Beginn des Spiels stellen sich alle hintereinander in einer Reihe auf, mit dem Blick zur Spielleitung. Die Spielleitung steht etwas seitlich versetzt vor der Gruppe und ruft verschiedene Gegensatzpaare auf.

Nach jedem Gegensatzpaar müssen sich die Spielenden spontan entscheiden und mit beiden Beinen entweder einen Sprung nach rechts oder nach links aus der Reihe machen (der erste Begriff steht für rechts springen, der zweite nach links).

Mögliche Gegensatzpaare sind z. B.:
- Hund oder Katze
- Laut oder leise
- Laufen oder gehen
- Pizza oder Pasta
- Buch oder Fernsehen
- Bier oder Wein
- Tanzen oder Kino
- Kaffee oder Tee
- Brötchen oder Müsli
- Geld sparen oder Geld ausgeben
- Kochen oder spülen
- Duschen oder baden
- Chillen oder Action

Nach jedem Gegensatzpaar stellen sich alle wieder in einer Reihe hintereinander auf.

Kommentar:
Das Spiel kann auch als Busfahrt angeleitet werden, bei der die Spielenden alle hintereinander in einem vollbesetzten Bus stehen und sich bei jeder Haltestelle entscheiden müssen, ob sie rechts oder links aussteigen. Anschließend stellen sich dann alle wieder in den Bus und die Fahrt geht weiter.

Schön, dass du da bist!

Spielbeschreibung:
Alle Anwesenden gehen kreuz und quer durch den Raum. Treffen sich zwei Personen, reichen diese sich schwungvoll die Hände und sprechen voller Elan und Euphorie folgenden Dialog, der nicht verändert werden darf und genauso immer wiederholt werden soll:

Person A: „Hallo, ich bin ... (Name von Person A)
Person B: „Hallo, ich bin ... (Name von Person B).
Person A: „Schön, dass du da bist, ... (Name von Person B)
Person B:. „Schön, dass du da bist, ... (Name von Person A)

Anschließend trennen sich die beiden und begrüßen jemand anderen.

Wenn alle sich mindestens einmal begrüßt haben oder die Spielleitung das Gefühl bekommt, das Spiel verliert an Schwung, erklärt sie das Spiel für beendet.

Kommentar:
In Gruppensituationen ist es für den Einzelnen oft gar nicht so einfach, den richtigen Moment abzupassen, um den anderen die Hand zu geben und sich kurz vorzustellen. „Schön, dass du da bist!" greift diese Schwierigkeit auf und lädt alle Anwesenden ein, dies spielerisch nachzuholen.

Die Spielfreude entsteht durch den ritualisierten Dialog und den überzogenen Enthusiasmus in der Stimme. Und wenn alle immer wieder voller Elan gesagt bekommen, wie schön es doch ist, dass sie da sind, müssen selbst die schmunzeln, die im ersten Moment keine Lust hatten mitzuspielen.

Falls es nicht möglich oder gewünscht ist, sich die Hände zu geben, können auch alle zu Beginn des Spiels ein Getränk bekommen und statt eines Handschlags miteinander anstoßen.

Ort:
Raum, Wiese

Dauer:
5 - 10 Minuten

Gruppe:
Für Gruppen von 8 - 30 Personen

Hilfsmittel:
Keine

Vorbereitung:
Keine

Speed-Dating

Ort:
Raum

Dauer:
15 - 20 Minuten

Gruppe:
Für Gruppen von 8 - 30 Personen

Hilfsmittel:
Halb so viele Tische wie Personen, Stühle, Moderationskarten, Blätter, Stifte

Vorbereitung:
Gesprächsthemen auswählen und auf Moderationskarten schreiben, halb so viele Tische wie Personen im Raum verteilen und jeweils 2 - 3 Stühle dazustellen. Auf jeden Tisch eine Moderationskarte mit Gesprächsthema verdeckt hinlegen und Blätter und Stifte auf den Tischen verteilen.

Spielbeschreibung:
Überall im Raum verteilt stehen kleine Tische mit jeweils zwei oder drei Stühlen. Auf jedem Tisch liegen eine verdeckte Karte mit jeweils einem anderen Gesprächsthema sowie mehrere leere Blätter und Stifte. Für die Tischgespräche eignen sich besonders gut Themen, die zum geplanten Inhalt der Veranstaltung passen und den Teilnehmenden einen Eindruck vermitteln, mit wem sie in der Runde sitzen (z. B. persönliche Vorerfahrungen mit dem Thema, Motivation, Erwartungen an die Veranstaltung, persönlicher Bezug zum Träger der Veranstaltung, Wünsche an die Leitung, usw.).

Zu Beginn des Spiels begrüßt die Spielleitung die Anwesenden zum nun startenden Speed-Dating und wünscht allen ein angenehmes und möglichst aufregendes Erlebnis. Anschließend fordert sie die Spielenden auf, sich immer zu zweit oder dritt an einen der im Raum verteilten Tische zu setzen, sich ein paar Minuten zu dem dort bereitliegenden Gesprächsthema auszutauschen und ihre Gedanken in Stichworten auf Blättern zu notieren.

Nach ein paar Minuten beendet die Spielleitung mit einem akustischen Signal die Zweisamkeit und alle wechseln sowohl Tisch als auch Gesprächspartner*in. Die beschriebenen Zettel bleiben auf den Tischen liegen.

Nach vier oder fünf Runden bittet die Spielleitung die Spielenden, die Karte mit dem Thema und alle dazu beschriebenen Zettel ihres aktuellen Tisches mitzunehmen und in einer gemeinsamen Abschlussrunde kurz vorzustellen.

Kommentar:
Besonders einladend wirkt dieses Spiel, wenn die Tische, dem Namen des Spiels entsprechend, mit Herzen dekoriert sind, die Spielleitung als eine Art „Dating Angel" auftritt und jeden Wechsel der Gesprächspartner*innen mit einer kleinen Glocke ankündigt.

Spekulation

Spielbeschreibung:
Die Spielenden sitzen in Kleingruppen von je 5 – 6 Personen in mehreren kleinen Stuhlkreisen verteilt im Raum. Jede Person bekommt einen Stift, eine Schreibunterlage und mehrere Karten zum Beschreiben. Anhand von vorgegebenen Fragen durch die Spielleitung sollen die Anwesenden nun über die Interessen, Vorlieben oder Hobbys ihrer Sitznachbar*innen spekulieren und ihre Einschätzungen auf Karten schreiben.

Zu Beginn stellt die Spielleitung eine Frage, die sich darauf bezieht, wie man die Person zur Linken einschätzt (siehe Beispielfragen). Alle schreiben nun möglichst konkret in Stichworten ihre Einschätzung auf und legen die beschriebene Karte verdeckt unter deren Stuhl.

Die nächste Frage der Spielleitung bezieht sich auf die Person, die zwei Stühle weiter zur Linken sitzt. Danach kommt eine Frage zur dritten Person zur Linken usw., bis alle in der Kleingruppe einmal dran waren und alle Spielenden zu jeder Frage eine Karte von einer anderen Person unter ihrem Stuhl liegen haben. Nach der letzten Fragerunde dürfen sich alle die Karten unter ihrem Stuhl nehmen und lesen, wie sie von den anderen eingeschätzt wurden.

Anschließend können alle Beteiligten in einer gemeinsamen Abschlussrunde kurz kommentieren, wie sie eingeschätzt wurden und gegebenenfalls besonders wilde Spekulationen richtigstellen. Mögliche Fragen, die zum Spekulieren einladen:

- In welches Restaurant würde diese Person wohl gehen, wenn sie sich mal richtig was gönnen möchte, und was würde sie dort essen?
- In welches Land würde diese Person gerne mal reisen, welche Art von Urlaub würde sie dort machen?
- Welche Art von Musik hört diese Person am liebsten, wenn sie mit über hundert Stundenkilometern auf der Autobahn unterwegs ist?
- Was für Filme mag diese Person besonders gerne? Und was war wohl der letzte Kinofilm, den sie sich angeschaut hat?
- Wie und wo feiert diese Person am liebsten Sylvester?
- Welches Kostüm würde diese Person wählen, wenn sie zu einer Kostümparty eingeladen wäre?
- Mit welcher prominenten Persönlichkeit würde diese Person gerne mal ein längeres Gespräch führen? Und was würde sie fragen wollen?

Kommentar:
Der Reiz des Spiels wird dadurch gesteigert, dass die Spielenden in ihren Einschätzungen möglichst konkret werden sollen. Sie sollen z. B. nicht nur sagen, in welches Restaurant eine Person gerne geht, sondern auch, was sie dort essen würde. Dadurch werden die Spekulationen gefördert und niemand hat die Möglichkeit, sich hinter vagen Formulierungen zu verstecken.

Ort:
Raum, Wiese

Dauer:
15 – 20 Minuten

Gruppe:
Für Gruppen von 6 – 30 Personen

Hilfsmittel:
Moderationskarten, Stifte, Stühle

Vorbereitung:
Mit den Stühlen mehrere Kreise für jeweils 5 – 6 Personen bilden. Moderationskarten und Stifte bereitlegen.

Tischgespräch

Ort:
Raum

Dauer:
15 - 30 Minuten

Gruppe:
Für Gruppen von 8 - 30 Personen

Hilfsmittel:
Langer Tisch, pro Person eine Karte mit einer anderen Nummer, pro Person ein Aufgabenblatt mit individualisierten Zahlen, verschiedenfarbige Filzstifte, Moderationskarten

Spielbeschreibung:
Alle versammeln sich zum Essen am gedeckten Tisch und suchen sich einen beliebigen Sitzplatz. Jeder Sitzplatz ist mit einer anderen Nummer versehen und auf jedem Platz liegt ein Blatt mit mehreren Aufgaben, bei dem zu jeder Aufgabe eine andere Nummer eingetragen ist.

Als Aufgaben eignen sich besonders gut die folgenden drei:

1. Du kümmerst dich um Person Nummer __ und schaust, dass sie beim gemeinsamen Essen immer alles hat, was sie sich wünscht.
2. Du gestaltest ein Namensschild für Person Nummer __. Auf dem Schild stehen neben dem Namen noch Infos zu Wohnort, Alter, Haupttätigkeit und ein persönlicher Wunsch für das Frühstück.
3. Du unterhältst dich mit Person Nummer __ über eure Urlaubspläne und mögliche Reiseziele.

Bei der Verteilung der Nummern auf dem Aufgabenblatt sollte sich die Spielleitung ein umsetzbares System überlegen, bei dem alle Personen gleichermaßen vorkommen und ein Gespräch während des Essens noch möglich ist.

Besonders bewährt hat sich dabei das folgende System:

- Die erste Aufgabe muss immer für die Person links von der Person übernommen werden, für die das Aufgabenblatt gedacht ist.
- Die zweite Aufgabe bezieht sich auf eine Person, die schräg gegenüber sitzt.
- Die dritte Aufgabe bezieht sich auf die Person auf der rechten Seite.

Das Spiel findet parallel zum gemeinsamen Essen statt und startet, sobald sich alle hingesetzt haben und die Spielleitung die Tischregeln erklärt hat. Besonders stilvoll wirkt das Ganze, wenn das Aufgabenblatt in Form einer Menükarte gestaltet ist.

Kommentar:
Diese Methode eignet sich besonders gut für Seminare und Treffen, die mit einem gemeinsamen Essen beginnen. Die verschiedenen Aufgaben und die vorgegebenen Kontaktpersonen durchbrechen die meist eher schweigsame Anfangsatmosphäre. Sie fördern ein leicht chaotisches Miteinander, bei dem alle untereinander Namenskarten gestalten, sich gegenseitig Essen anreichen und sich über die verschiedensten Dinge unterhalten.

Die Spielleitung sollte zu Beginn des Essens eventuell darauf hinweisen, dass sich alle Anwesenden auch über die Aufgabenkarten hinaus miteinander unterhalten dürfen, auch wenn dies aufgrund der ausgeteilten Nummern nicht unbedingt vorgegeben ist.

Verkostung

Du kümmerst dich um Person Nummer __
und schaust, dass sie beim gemeinsamen Essen immer alles hat,
was er*sie sich wünscht.

Gestaltung

Du gestaltest ein Namensschild für Person Nummer __
Auf dem Schild stehen neben dem Namen noch Infos zur Region, das
Alter, die Hauptttätigkeit und ein
persönlicher Wunsch für das Frühstück.

Konversation

Du unterhältst dich mit Person Nummer __
über eure Urlaubspläne und mögliche Reiseziele.

Vorbereitung:
Den Tisch für das gemeinsame Essen decken. An jeden Platz eine Karte mit einer anderen Nummer aufstellen. Pro Person ein Aufgabenblatt bereitlegen und auf jedem Blatt andere Nummern eintragen, so dass alle Spielenden jeweils mit drei anderen Personen in Kontakt treten müssen. Blätter und Stifte für alle bereitlegen.

Wir haben X Personen gefragt

Ort:
Raum, Wiese

Dauer:
15 - 20 Minuten

Gruppe:
Für Gruppen von 6 - 16 Personen

Hilfsmittel:
Moderationskarten, Blätter, Schreibunterlagen, Stifte

Vorbereitung:
So viele Fragen auswählen, wie es Spielende gibt und auf Karten schreiben. Schreibunterlagen, Blätter und Stifte bereitlegen.

Spielbeschreibung:
Die Spielleitung hat mehrere Fragen ausgewählt und auf Moderationskarten geschrieben. Diese werden zu Beginn des Spiels verteilt, so dass jede Person eine andere Fragenkarte bekommt. Zusätzlich erhalten alle noch mehrere Blätter zum Beschriften, eine Schreibunterlage und einen Stift.

Die Aufgabe für alle Beteiligten besteht nun darin, eine Umfrage durchzuführen und alle anderen Spielenden innerhalb einer bestimmten Zeit (z. B. 10 Minuten) zu dem Thema auf der eigenen Moderationskarte zu befragen und die Antworten stichwortartig zu notieren.

Wenn alle ihre Umfrage abgeschlossen haben, werden alle vorhandenen Fragen in der Gruppe vorgestellt. Die Spielenden haben je nach Gruppengröße alleine oder in Kleingruppen die Möglichkeit, die richtige Antwort zu raten.

Jede vorgestellte Frage beginnt mit den Worten: Wir haben X (Anzahl der Gruppenmitglieder) gefragt, ... *Was glaubt ihr, ... (Die Frageform für die Vorstellungsrunde steht jeweils in Kursivschrift unter der eigentlichen Umfrage).*

Die Fragen sollten alle möglichst eindeutig zu beantworten sein und einen Rückschluss auf die Fähigkeiten, Vorlieben und Gedanken der einzelnen Personen ermöglichen, z. B.:

- Wie viele Stunden schaust du in der Woche Fernsehen? Welche Sendungen?
  Wie viele Personen schauen mehr als zehn Stunden in der Woche Fernsehen?
- Wie viele Haustiere hast du? Welche?
  Wie viele Personen haben ein Haustier, wie viele haben sogar zwei und mehr Tiere zu Hause?
- Wie viele Liegestützen schaffst du direkt hintereinander?
  Wie viele Personen schaffen mehr als drei Liegestützen hintereinander?
- Wie oft checkst du deine E-Mails? Wie und wo tust du das?
  Wie viele Personen checken mehrmals täglich ihre E-Mails?
- Wie gut kannst du kochen? Was ist dein Lieblingsgericht?
  Wie viele Personen behaupteten von sich, dass sie verhältnismäßig gut kochen können?
- Bist du bei Facebook? Wie viele Freunde hast du dort?
  Wie viele Personen sind bei Facebook registriert? Wie viele Freunde haben sie dort im Durchschnitt?
- Wie viele Bücher liest du schätzungsweise im Jahr? Nenne eines deiner Lieblingsbücher.
  Wie viele Bücher werden insgesamt von der Gruppe im Jahr gelesen?
- Wie viele Geschwister hast du? Bist du jünger oder älter?
  Wie viele Geschwister haben alle Gruppenmitglieder gemeinsam?

- Bist du in einer Wohnung oder einem Haus mit Garten groß geworden? Wie sah/sieht dein Elternhaus aus?
  Wie viele Personen sind mit einem Garten aufgewachsen?
- Was war deine beste Note auf deinem letzten Schulzeugnis? In welchem Fach?
  Wie viele Personen hatten die Note sehr gut auf ihrem letzten Zeugnis?
- Wie viele Werbelieder fallen dir spontan mit Text und Melodie ein?
  Wie viele Werbelieder sind den Personen im Durchschnitt eingefallen?
- Wie oft warst du in den letzten drei Jahren im Zoo? Was sind dort deine Lieblingsplätze?
  Wie oft waren die Personen in den letzten drei Jahren durchschnittlich im Zoo?
- Wie viele Brötchen isst du morgens zum Frühstück? Was gehört für dich unbedingt zu einem guten Frühstück dazu?
  Wie viele Brötchen werden insgesamt von der Gruppe morgens verspeist?
- Wie viele Baumarten kannst du korrekt erkennen?
  Wie viele Baumarten werden durchschnittlich von den anwesenden Personen erkannt?
- Wie viele Elektrogeräte nutzt du persönlich in deiner Freizeit und im Alltag (ohne Küchen- und Haushaltsgeräte)?
  Wie viele Elektrogeräte besitzt jede Person im Durchschnitt?
- Um wieviel Uhr stehst du in der Woche morgens auf? Wie ist es am Wochenende?
  Was war die früheste und was die späteste Uhrzeit, an der eine der anwesenden Personen in der Woche aufstehen muss?
- Welche Erwartungen hast du an die gemeinsame Zeit, die uns als Gruppe bevorsteht?
  Welche Erwartung wurde am häufigsten von den anderen Teilnehmenden genannt?
- Auf einer Skala von 1 – 10: Wie hoch ist deine derzeitige Motivation?
  Wie hoch ist der Durchschnittswert der Gruppe?
- Wie erfahren würdest du dich selbst einschätzen bzgl. des anstehenden Themas? Was hast du in dieser Hinsicht schon alles gemacht/erlebt?
  Wie viele Personen schätzen sich selbst schon als sehr erfahren ein?

Kommentar:
Dieses Spiel eignet sich besonders gut als inhaltlicher Einstieg und verbindet das gegenseitige Kennenlernen mit einer Abfrage zu bestimmten Themenbereichen, z. B. Erwartungen, Vorerfahrungen, Motivation. Die abgefragten Themen können sich aber auch ganz allgemein auf persönliche Fähigkeiten, Hobbies, usw. beziehen (siehe Beispielfragen). Bei größeren Gruppen ist es eventuell sinnvoll, die Fragenkarten Zweier- oder Dreiergruppen zuzuordnen und auch die anschließenden Schätzrunden in Kleingruppen durchzuführen.

Zipp-Zapp-Zupp

Ort:
Raum, Wiese

Dauer:
5 - 10 Minuten

Gruppe:
Für Gruppen von 8 - 30 Personen

Hilfsmittel:
Stühle (oder Teppichfliesen als Standortmarkierungen für die Positionen der Spielenden, falls das Spiel im Freien gespielt wird)

Vorbereitung:
Keine

Spielbeschreibung:
Bis auf eine Person sitzen alle in einem großen Stuhlkreis. Die verbleibende Person steht in der Mitte des Kreises und muss versuchen, mit einer der sitzenden Personen den Platz zu tauschen.

Dafür zeigt sie auf einzelne Spielende und nennt dabei eines der vier möglichen Kommandos:

1. Zipp
2. Zapp
3. Zupp
4. Zipp-Zapp.

Die Angesprochenen müssen daraufhin ohne zu zögern reagieren und den entsprechenden Namen sagen: Bei ...

- Zipp – Den Namen der Person zur Linken
- Zapp – Den Namen der Person zur Rechten
- Zupp – Den eigenen Namen

Bei dem Kommando Zipp-Zapp müssen alle aufstehen und sich einen neuen Platz suchen.

Antwortet eine Person bei einem der ersten drei Kommandos falsch oder zögert zu lange mit der richtigen Antwort, muss sie in die Mitte und die fragende Person kann sich auf deren Platz setzen.

Bei Zipp-Zapp ist es nicht erlaubt, sich wieder zurück auf den eigenen Platz zu setzen oder lediglich einen Stuhl weiter zu rutschen. Während alle aufspringen und wild umherlaufen, darf die Person in der Mitte sich natürlich ebenfalls einen Platz suchen, so dass auch jemand anderes ohne Sitzplatz übrigbleiben kann.

Kommentar:
Dieses Spiel lebt von seiner Dynamik und dem permanenten Wechsel. Für den gemeinsamen Spielspaß ist es wichtig, dass die Kommandos relativ schnell gegeben werden und die Spielenden in der Mitte zwischendurch immer wieder Zipp- Zapp rufen.

Um den Schwierigkeitsgrad des Spiels zu erhöhen, können Gruppen, die sich schon etwas besser kennen, zusätzlich folgende drei Kommandos nutzen:

- Zipp-Zipp – Die übernächste Person auf der linken Seite
- Zapp-Zapp – Die übernächste Person auf der rechten Seite
- Zupp-Zupp – Die Person in der Mitte

Spaßspiele

Einführung

Spaß und die Freude am gemeinsamen Spiel bilden die Grundlage für eine angenehme Lernatmosphäre und fördern die Motivation aller Beteiligten. Aus diesem Grund haben Spiele, die diesen Spaß fördern und den Teilnehmenden Spielfreude vermitteln, einen festen Platz innerhalb der kooperativen Abenteuerspiele.

Aufgrund ihrer vielseitigen Einsatzmöglichkeiten greifen die üblichen Begrifflichkeiten wie Warm-up, Auflockerungsspiele, Aufwärmspiele usw. für diese Spielform allerdings zu kurz. Denn diese Spiele eignen sich nicht nur als Auflockerung zu Beginn einer Einheit oder als Lückenfüller zwischen zwei Aufgaben, sondern fördern auch das Vertrauen der Teilnehmenden untereinander und dienen der Bildung einer angenehmen Arbeitsatmosphäre. Aus diesem Grund erscheint es sinnvoller, sie nicht nach ihrem Aufgabenbereich oder ihrer Einsatzmöglichkeit zu benennen, sondern nach ihrem wesentlichen Erkennungsmerkmal, dem gemeinsamen Spaß beim Spielen.

Eine ausführliche Einführung zu Spaßspielen findet sich in „Abenteuer Spiel 2".

Aasgeier

Spielbeschreibung:
Bis auf eine Person stehen alle Spielenden auf einer der ausgelegten Bodenmarkierungen in einem großen Kreis (Durchmesser 8 bis 10 Meter) verteilt auf der Wiese. In der Mitte des Kreises liegen zwei Gymnastikreifen. In einem Reifen liegen die Bälle, im anderen die Schwimmnudel. Die übrig gebliebene Person geht in die Mitte und nimmt die Schwimmnudel. Sie wacht nun über die Beute (Bälle) und versucht diese gegen die lauernden Aasgeier zu verteidigen.

Sobald das Spiel beginnt, versuchen alle Aasgeier so viele Bälle wie möglich zu ergattern, ohne dabei mit der Schwimmnudel abgeschlagen zu werden.

Ort:
Größere ebene Fläche (Wiese)

Dauer:
10 - 20 Minuten

Gruppe:
Für Gruppen von 6 - 30 Personen

Hilfsmittel:
1 kurze Schwimmnudel, 2 Gymnastikreifen, pro Spielendem eine Teppichfliese als Bodenmarkierung, 30 - 50 kleine Bälle (Soft- oder Tennisbälle)

>>

Vorbereitung:
Die Teppichfliesen in der Anzahl der Spielenden in einem großen Kreis von 8 bis 10 Metern verteilen. Die beiden Gymnastikreifen in der Mitte des Kreises auslegen und alle Bälle in den einen Reifen legen, die Schwimmnudel in den anderen.

Dabei gelten folgende Regeln:

- Jede Person darf immer nur einen Ball pro Versuch aufnehmen und muss anschließend zurück zur eigenen Bodenmarkierung, bevor sie den nächsten Ball holt.
- Alle Spielenden müssen ihre ergatterten Bälle die ganze Zeit in den Händen halten und dürfen sie weder ablegen noch in irgendwelche Kleidungsstücke oder Ähnliches stecken.
- Die Wache darf sich frei bewegen und überall auf dem Spielfeld Spielende abschlagen (auch auf deren Bodenmarkierungen).
- Sobald eine Person abgeschlagen wurde, muss sie alle Bälle zurück in den Reifen legen und mit der Schwimmnudel die Rolle der Wacht übernehmen. Die andere Person übernimmt die entsprechende Bodenmarkierung und kann nun selbst versuchen, Bälle zu sammeln.
- Die Schwimmnudel wird allerdings nicht einfach übergeben, sondern muss zunächst von der alten Wache in den entsprechenden Gymnastikreifen gelegt werden. Von dort wird sie von der neuen Wache aufgehoben.
- Liegt die Nudel nicht eindeutig in dem Reifen, kann die neue Wache darauf bestehen, dass die alte Wache dies nachholt – mit allen Risiken, die damit verbunden sind. Die restlichen Aasgeier dürfen in dieser Zeit weiter Bälle sammeln.

Sobald keine Bälle mehr in der Mitte liegen, endet das Spiel und der Aasgeier mit der größten Beute hat gewonnen.

Kommentar:
Dieses Spiel bietet in mehrfacher Hinsicht eine besondere Spieldynamik. Aufgrund der fehlenden Schutzmöglichkeiten für die Aasgeier kann die Wache jederzeit einen Rollentausch erzwingen, indem sie zum Angriff übergeht. Allerdings würde dies auch bedeuten, dass die restlichen Aasgeier sich in der Zwischenzeit ohne Bedenken an der unbewachten Beute bedienen können und das Spiel vorzeitig endet. Indem die Aasgeier ihre erbeuteten Bälle während des ganzen Spiels in den Händen bzw. Armen halten müssen, ist immer klar zu erkennen, wer momentan die meisten Bälle besitzt. Wird diese Person abgeschlagen, bekommt das Spiel wieder neuen Schwung, da alle erbeuteten Bälle wieder zur freien Verfügung stehen und das Spiel im besten Fall immer weitergespielt werden kann.

Ango-Kia

Ort:
Raum, Wiese

Dauer:
5 – 10 Minuten

Gruppe:
Für Gruppen von 9 – 30 Personen

Hilfsmittel:
Keine

Vorbereitung:
Keine

Spielbeschreibung:
Alle Spielenden stehen im Kreis und geben zu bestimmten Kommandos ein Signal im Kreis herum. Dazu gibt es die folgenden Möglichkeiten:

Kia – Eine Person ruft „Kia" und gibt das Signal mit dem Arm in einer Art Handkantenschlag zur Seite (mit dem rechten Arm geht die Bewegung nach rechts, mit dem linken Arm nach links) an den/die entsprechende Nachbar*in weiter.

Ango-Kia – Eine Person ruft „Ango-Kia" und wedelt mit beiden Armen vor und zurück und schwingt dabei die Hüften. Dies bedeutet „Richtungswechsel" und das Signal geht zurück zu der Person, von der es gekommen ist.

Zusätzlich gibt es noch die Möglichkeit, das Signal quer durch den Kreis zu einer beliebigen Person aus der Runde zu senden. Dazu gibt es das folgende Kommando:

>>

Ratatatataaa – Eine Person ruft „Ratatatataa" und streckt beide Arme in einer ausrollenden Bewegung zu der Person, an die das Signal gehen soll. Diese Person hat nun zwei Möglichkeiten. Sie kann das Signal annehmen und ihrerseits weitergeben oder die Annahme verweigern. Möchte sie das Signal übernehmen, streckt sie die Arme aus und rollt sie mit einem lauten „Ratatatataaa" in Richtung Oberkörper ein. Nun hat sie das Signal angenommen und kann es mit einem beliebigen Kommando weitergeben. Möchte sie das Signal nicht haben, hält sie ihre Arme kreuzartig vor sich und ruft laut „Block". Nun muss die Person, die ihr das Signal mit einem lauten „Ratatatataa" entgegengestreckt hat, die Arme mit einem erneuten „Ratatatataaa" einrollen und es mit einem neuen Kommando oder einer anderen Person versuchen.

Als letzte Möglichkeit gibt es das Kommando „Slide". Dabei lässt eine Person das Signal mit den Armen pantomimisch zu Boden gleiten und sagt dabei laut „Slide". Nun liegt das Signal in der Mitte und kann von einer beliebigen Person aus der Runde mit einem lauten „Slide is mine" und der dazugehörigen Armbewegung aufgenommen und anschließend mit einem eigenen Kommando weitergegeben werden. Allerdings dürfen auf keinen Fall zwei Personen gleichzeitig „Slide is mine" rufen. Sollte dies dennoch geschehen oder einer Person unterläuft bei einem der anderen Kommandos ein Fehler, ruft die Spielleitung laut den Namen der Person und das Spiel wird unterbrochen. Nun verschränken alle Spielenden die Arme vor der Brust und rufen mit tiefer Stimme „Falsch!". Die gescholtene Person sagt leise „Entschuldigung" und eröffnet mit einem Signal ihrer Wahl die nächste Runde.

Kommentar:
Ango-Kia ist eine sehr schöne, neuartige Variante aus der Reihe der Signalweitergabe-Spiele. Die Kommandos sollten zügig, aber nacheinander eingeführt werden, um die Spielenden nicht zu sehr zu verwirren. Das Signal „Slide" bringt einen besonderen Reiz in das Spiel, da bei diesem Kommando völlig offen ist, von wem das Signal aufgenommen und weitergegeben wird.

Barilla Ball

Spielbeschreibung:
Alle Spielenden bekommen eine Schwimmnudel und werden in zwei gleich große Teams von jeweils 5 bis 10 Personen eingeteilt. Sobald das Spiel beginnt, versuchen alle Spielenden mithilfe der Schwimmnudeln den Wasserball über die gegnerische Torlinie zu schlagen. Der Wasserball darf weder mit den Schwimmnudeln eingeklemmt noch absichtlich mit dem Körper berührt werden. Nach fünf Minuten endet die Runde und das Team mit den meisten Treffern gewinnt.

Ort:
Größere freie Fläche von mindestens 6 x 10 Metern

Dauer:
5 - 10 Minuten

Gruppe:
Für Gruppen von 10 - 20 Personen

Hilfsmittel:
Pro Person eine kurze Schwimmnudel, ein aufblasbarer Wasserball mit einem Durchmesser von ca. 30 cm, 4 Pylonen o.ä. als Torpfosten

Vorbereitung:
Im Abstand von circa 10 - 15 Metern zwei Tore mit jeweils 4 bis 5 Meter Breite markieren. In der Mitte einen aufgeblasenen Wasserball bereitlegen.

Billy Bo und Schneewittchen

Ort:
Raum, Wiese

Dauer:
5 – 10 Minuten

Gruppe:
Für Gruppen von 12 – 30 Personen

Hilfsmittel:
Keine

Vorbereitung:
Keine

Spielbeschreibung:
Die Gruppe bildet einen Kreis. Eine Person steht in der Mitte des Kreises und versucht mit einer der außenstehenden Personen den Platz zu tauschen. Dazu kann sie auf einzelne Spielende zugehen, sich vor sie stellen und eine von drei Aktionen ausführen:

1. Sie stellt sich vor eine Person und sagt ganz schnell „Billy Billy Billy Bo". Schafft es ihr Gegenüber, schneller Bo zu sagen als die Person in der Mitte, so kann sie stehenbleiben. Ist sie langsamer, muss sie mit der Person in der Mitte tauschen.

2. Die Person aus der Kreismitte geht zu einer Person und ruft nur „Bo". Sagt die angesprochene Person aus Reflex ebenfalls „Bo" kommt es zu einem Platztausch.

3. Die Person in der Mitte zeigt auf eine Person und sagt laut „Schneewittchen". Die angesprochene Person hält nun pantomimisch einen Apfel in der Hand und streicht sich mit der anderen Hand durch das wallende Haar. Zusätzlich bilden die sieben Personen zur Rechten von Schneewittchen mit ihren Händen eine Zwergenmütze über ihrem Kopf und singen gemeinsam „Hey Ho, Hey Ho, wir sind vergnügt und froh!". Reagiert Schneewittchen oder einer der sieben Zwerge falsch oder gar nicht, muss diese Person in die Mitte.

Kommentar:
Das Besondere dieses Spieles ist die skurrile Kombination der drei Kommandos. Zum einen die beiden Ansagen „Billy Billy Billy Bo" und „Bo", bei denen einzelne Spielende entweder ganz schnell oder gar nicht reagieren müssen – und dann als Gegensatz das Kommando „Schneewittchen", bei dem auf einmal acht Spielende gleichzeitig etwas machen müssen. Das Kommando „Schneewittchen" ist gleichzeitig auch eine Art Garant dafür, dass die Person in der Mitte nicht lange darauf warten muss, dass jemand anderes ihren Platz einnimmt, da fast immer entweder zu viele oder zu wenige Zwerge anfangen zu singen.

Blind Battle

Spielbeschreibung:
Die Spielenden stellen sich zu Paaren zusammen und verteilen sich in einem großen Kreis (Durchmesser 10 – 15 Meter) auf der Wiese. Jedes Paar bekommt einen markierten Platz am Rand des Kreises zugewiesen und erhält eine Schwimmnudel sowie eine Augenbinde.

Sobald das Spiel beginnt, betritt immer abwechselnd eine*r der beiden Spielenden mit verbundenen Augen das Innere des Spielfeldes und versucht, mit nur einem einzigen Schlag mit der Schwimmnudel eine andere blinde Person abzuschlagen. Die sehende Person unterstützt sie dabei mit Anweisungen vom Spielfeldrand aus.

Während des Spiels gelten folgende Regeln:

- Alle Spielenden, die sich innerhalb des Spielfeldes bewegen, haben die Augen verbunden. Das gilt auch für den Weg zurück zu ihrem Platz am Spielfeldrand.
- Die sehenden Spielenden dürfen ihre Plätze am Spielfeldrand nicht verlassen.
- Die „blinden" Spielenden dürfen nur einen einzigen Schwung mit der Schwimmnudel ausführen. Sobald sich die Schlagrichtung ändert, gilt der Schlag als beendet und die Person muss zurück zu ihrem Platz am Spielfeldrand.
- Für den Schlag dürfen die Schwimmnudeln nur seitlich unterhalb der Hüfte geschwungen werden (Treffer oberhalb der Hüfte werden nicht gewertet).
- Wurde eine Person von einer anderen Schwimmnudel getroffen, muss sie sofort zurück.
- Sobald eine Person zurück zu ihrem Platz am Spielfeldrand kommt, tauschen die beiden Spielenden die Rollen und die andere Person betritt blind die Spielfläche.

Das Paar, das zuerst fünf erfolgreiche Treffer erzielt hat, gewinnt das Spiel.

Ort:
Größere ebene Fläche (Wiese)

Dauer:
10 – 15 Minuten

Gruppe:
Für Gruppen von 6 – 30 Personen

Hilfsmittel:
Halb so viele kurze Schwimmnudeln wie Spielende, halb so viele Bodenmarkierungen wie Spielende (z. B. Stühle, Teppichfliesen), halb so viele Augenbinden wie Spielende

Vorbereitung:
Die Bodenmarkierungen in einem großen Kreis von 10 bis 15 Metern Durchmesser auslegen. Für jedes Spielenden-Paar eine Augenbinde und eine kurze Schwimmnudel bereitlegen.

Boarkh!

Ort:
Raum, Wiese

Dauer:
5 - 10 Minuten

Gruppe:
Für Gruppen von 6 - 30 Personen

Hilfsmittel:
Keine

Vorbereitung:
Keine

Spielbeschreibung:
Alle Spielenden sind Hühner, die gemeinsam im Kreis sitzen. Um den klassischen Hühnerausdruck erfolgreich zu imitieren, halten alle die Finger so, dass sich die Spitzen von Zeigefinger und Daumen einer Hand berühren. Die Spielenden halten die Hände so vor das Gesicht, dass sie mit den Augen durch die entstandenen Öffnungen zwischen Daumen und Zeigefinger hindurch gucken können. Die restlichen Finger bilden eine Art Schirm über den Augen.

Die Spielleitung ist der Hahn, der über seine Hühnerschar wacht und aufpasst, dass diese alles richtig macht. Wie alle anderen Spielenden auch, hält die Spielleitung die Hände wie beschrieben vors Gesicht. Sie beginnt das Spiel, indem sie eine Hand mit einer langgezogenen Bewegung nach unten führt, die Augen nach oben verdreht und ein lautes *Booaaarrkh!* von sich gibt. Anschließend wird die Hand wieder vor das Gesicht gehalten. Je nachdem welche Hand bewegt wurde, ist nun die Person zur Rechten bzw. zu Linken an der Reihe.

Insgesamt gibt es folgende Signale, die weitergegeben werden:

- Rechte Hand einmal nach unten führen: Person zur Rechten ist an der Reihe.
- Rechte Hand zweimal kurz hintereinander nach unten führen: Die übernächste Person zur Rechten ist an der Reihe.
- Linke Hand einmal nach unten führen: Person zur Linken ist an der Reihe.
- Linke Hand zweimal kurz hintereinander nach unten führen: Die übernächste Person zur Linken ist an der Reihe.
- Beide Hände gleichzeitig nach unten führen: Richtungswechsel.

Bei allen Signalen darf der Blick nach oben und ein lautes *Boark!* nicht fehlen.

Macht eine Person einen Fehler, indem sie z. B. die falsche Hand verwendet, das Geräusch vergisst oder falsch einsetzt, ruft die Spielleitung laut und vorwurfsvoll den Namen der entsprechenden Person. Alle anderen Spielenden verschränken daraufhin die Arme vor der Brust, zeigen anschließend mit einem Daumen über die eigene Schulter und rufen gemeinsam mit einem rollenden R ein strenges *„RRRRRRRAAAAUUUSSSS!"*

Nach diesem Ausdruck des Missfallens sind alle Hühner wieder friedlich und das Spiel nimmt seinen gewohnten Lauf. Alle dürfen weiterhin mitspielen und die zurechtgewiesene Person beginnt die nächste Runde.

Kommentar:
Bei Gruppen von mehr als 20 Personen dauert es manchmal sehr lange, bis das Signal einmal die Runde gemacht hat. Wenn alle Spielenden mit den Regeln und Abläufen vertraut sind, kann die Spielleitung aus diesem Grund ein zweites Signal einführen, das zusätzlich die Runde macht. Die Bewegungen und Regeln sind dieselben, nur müssen die Spielenden nun anstelle eines *Boarkh!* ein *Kiekh!* von sich geben.

Darth Vader

Ort:
Raum, Wiese (abgegrenztes Spielfeld von ca. 8 x 10 Metern)

Dauer:
10 – 20 Minuten, je nach Gruppengröße

Gruppe:
Für Gruppen von 6 – 30 Personen

Hilfsmittel:
2 Augenbinden, 2 kurze Schwimmnudeln, evtl. Markierungsseile für die Spielfeldbegrenzung

Vorbereitung:
Mit Seilen oder vorhandenen Begrenzungen ein Spielfeld von ca. 8 x 10 Metern festlegen.

Spielbeschreibung:
Vor Beginn des Spiels werden zwei Personen ausgewählt. Sie gehören beide zur dunklen Seite der Macht und haben die Aufgabe, möglichst viele Spielende aufzuspüren und mit ihren Laserschwertern abzuschlagen. Zu diesem Zweck bekommen beide die Augen verbunden und jeweils eine kurze Schwimmnudel als Laserschwert ausgehändigt.

Die restlichen Spielenden verteilen sich auf dem Spielfeld und dürfen sich frei bewegen. Sobald eine*r der beiden „Blinden" das Wort „Darth" ruft, antworten alle anderen Spielenden mit einem lauten „Vader" und bleiben auf der Stelle stehen. Nun beginnt das eigentliche Spiel. Die beiden „blinden" Spielenden dürfen sich frei innerhalb des Spielfeldes bewegen und insgesamt sieben Mal mit einem ihrer Laserschwerter einen Schlag ausführen. Zu diesem Zweck holen sie mit ihrer Schwimmnudel zu einem weiten Bogen unterhalb der Brusthöhe aus und rufen laut die entsprechende Zahl des Schlages. Ansonsten halten sie ihre Schwimmnudel mit beiden Händen dicht am Körper und versuchen nur mittels der Macht herauszufinden, ob sich jemand in ihrer Nähe befindet.

Die sehenden Spielenden verhalten sich absolut still und dürfen jeweils maximal drei Schritte machen, um einem Schlag mit dem Laserschwert auszuweichen. Wird eine Person von einem Laserschwert getroffen, verwandelt sie sich in eine Heulboje. Sie muss bis zum Ende des Spiels auf der Stelle stehen bleiben und nur leise summen, sobald sich einer der beiden Darth Vader ihr nähert.

Sobald die beiden Darth Vader ihren siebten Schlag ausgeführt haben, dürfen sich bis auf die Heulbojen wieder alle Spielenden bewegen, bis zum zweiten Mal der Ruf „Darth" „Vader" ertönt. Nach der zweiten Runde endet das Spiel. Die beiden Darth Vader nehmen ihre Augenbinden ab und es wird gezählt, wie viele Spielende sie insgesamt getroffen haben. Anschließend werden zwei neue Darth Vader bestimmt. Diese haben die Aufgabe, das bestehende Ergebnis in einem neuen Durchgang zu übertreffen.

Kommentar:
Darth Vader ist vom Spielprinzip eine erweiterte Variante des Spielklassikers „Blinde Kuh". Die Regeln erscheinen am Anfang dennoch recht kompliziert, aber spätestens nach der ersten Runde haben es alle Spielenden verstanden und der Spielspaß steigt mit jedem Durchgang.

Bei der Erklärung ist es wichtig, darauf zu achten, dass die „blinden" Spielenden mit den Schwimmnudeln nur unterhalb der Brusthöhe schlagen und die Schwimmnudeln ansonsten eng am Körper tragen – schließlich handelt es sich um Laserschwerter und nicht um Blindenstöcke.

Fische wedeln

Ort:
Raum, Wiese

Dauer:
5 - 10 Minuten

Gruppe:
Für Gruppen von 6 - 30 Personen

Hilfsmittel:
Pro Person 1 Plastikteller o. ä., 30 - 50 kleine Fische aus Transparentpapier, pro Team 1 Sammelbehälter (z. B. Eimer, Topf)

Vorbereitung:
Fische aus Transparentpapier ausschneiden. Für jeden Spieler bzw. jede Spielerin einen Plastikteller sowie insgesamt 3 bis 4 Eimer bereitlegen.

Spielbeschreibung:
Alle Spielenden bekommen einen Plastikteller und werden in mehrere gleich große Teams eingeteilt. Pro Team bekommt eine Person anstatt eines Plastiktellers einen Sammelbehälter.

Sobald alle Teams bereit sind, verteilt die Spielleitung die Transparentpapier-Fische auf dem Boden und das Spiel beginnt. Alle Spielenden versuchen gleichzeitig – mithilfe der Plastikteller – so viele Fische wie möglich in den eigenen Behälter zu wedeln. Die Fische dürfen dabei weder mit dem Körper noch mit den Tellern berührt werden, sondern nur durch den Luftzug der wedelnden Plastikteller in Bewegung gebracht werden. Sobald ein Fisch auf diese Weise in einem Behälter gelandet ist, kann die Person mit dem Behälter den Fisch in die Hand nehmen und so verhindern, dass dieser aus Versehen wieder herausgewedelt wird. Wenn alle Fische gefangen wurden, endet das Spiel und das Team mit den meisten Fischen gewinnt.

Kommentar:
Dieses kurze Spiel sorgt für ein wildes Durcheinander, bei dem alle Spielenden mit ihren Tellern irgendwie versuchen, Wind zu erzeugen.

Fliegenklatschen-Hockey

Spielbeschreibung:
Die Spielenden werden in zwei Teams von jeweils 3 bis 5 Personen eingeteilt (je nach Größe der Gruppe und des Spielfeldes). Alle Spielenden bekommen eine Fliegenklatsche und versuchen damit einen Tischtennisball durch die beiden vorderen Stuhlbeine des gegnerischen Tores zu schießen. Der Ball darf nur mit den Fliegenklatschen geschlagen und das Tor nicht mit dem Körper dauerhaft versperrt werden. Aufgrund der Größe des Spielfeldes ist es unvermeidlich, dass die Spielenden den Ball auch mal aus Versehen mit dem Körper und insbesondere mit dem Fuß berühren. Diese Berührungen dürfen aber nicht absichtlich herbeigeführt werden. Spielunterbrechungen gibt es nur, wenn ein Team ein Tor erzielt hat oder der Ball über die Bande geflogen ist. Ansonsten läuft die Uhr weiter. Nach drei Minuten Spielzeit endet die Partie und das Team mit den meisten Toren gewinnt.

Kommentar:
Fliegenklatschen-Hockey ist ein wahnsinnig rasantes Spiel, bei dem alle Spielenden sehr schnell aus der Puste kommen. Aus diesem Grund eignet es sich auch als Turnierspiel für größere Gruppen von mehr als zehn Personen. Aufgrund der kurzen Spielzeiten muss kein Team allzu lange auf seinen Einsatz warten und in der Regel sind die meisten Spielenden ganz froh, wenn sie auch mal verschnaufen können.

Ort:
Möglichst leerer Raum, Flur

Dauer:
10 - 20 Minuten

Gruppe:
Für Gruppen von 6 - 20 Personen

Hilfsmittel:
Mindestens 6 Fliegenklatschen, 2 Stühle, Tischtennisball

Vorbereitung:
Ein Spielfeld von ca. 6 bis 8 Metern Länge und 3 bis 5 Metern Breite festlegen und die Seiten des Spielfeldes, die nicht an eine Wand grenzen, mit gekippten Tischen als Banden versehen. An den beiden kurzen Seiten des Spielfelds jeweils einen Stuhl als Tor aufstellen.

Fuchs und Huhn

Ort:
Raum, Wiese

Dauer:
5 - 10 Minuten

Gruppe:
Für Gruppen von 9 - 30 Personen

Hilfsmittel:
Keine

Vorbereitung:
Keine

Spielbeschreibung:
Die Gruppe teilt sich in Dreiergruppen auf. Eine Person ist der Fuchs, eine andere das Huhn und die dritte Person das Küken. Das Küken stellt sich hinter das Huhn und hält sich mit einer Hand an ihr fest. Das Huhn streckt die Arme wie Flügel zur Seite weg und versucht damit, das Küken zu beschützen. Der Fuchs stellt sich gegenüber vom Huhn auf.

Sobald das Spiel beginnt, versuchen die Füchse eines der Küken zu erwischen, indem sie die entsprechende Person zwischen den Schulterblättern berühren. Die Hühner versuchen dies laut gackernd zu verhindern und stellen sich immer zwischen Fuchs und Küken. Zum Schutz ihres Kükens dürfen die Hühner auch ihre Arme einsetzen und diese schützend vor ihr Küken halten. Sie verhalten sich allerdings rein defensiv und dürfen den Fuchs nicht wegdrücken oder festhalten. Die Küken suchen fortwährend den Schutz ihrer Henne und dürfen nie den Körperkontakt zu ihrem Huhn verlieren.

Hat ein Fuchs eines der Küken erwischt, tauschen die drei beteiligten Spielenden die Rollen. Der Fuchs wird zum Huhn, das Huhn zum Küken und das Küken zum Fuchs.

Kommentar:
Die Füchse dürfen jedes Küken aus der Gruppe schnappen, das sie möchten. Die Bildung der Dreiergruppen ist nur zu Beginn relevant und erleichtert die Aufteilung der Spielenden in die drei möglichen Rollen.

H5N1

Ort:
Große freie Fläche

Dauer:
5 - 10 Minuten

Gruppe:
Für Gruppen von 8 - 30 Personen

Hilfsmittel:
Pro 6 - 8 Spielenden ein Gummihuhn, evtl. Seile als Markierungslinien

Vorbereitung:
Mit Seilen oder anderen Begrenzungen ein Spielfeld von ca. 10 x 10 Metern festlegen.

Spielbeschreibung:
Alle Spielenden sind Hühner auf einem Hühnerhof. Zu Beginn werden mehrere Hühner bestimmt, die das H5N1-Virus in sich tragen. Sie erhalten ein Gummihuhn. Alle anderen sind gesunde Hühner, die darauf achten, sich möglichst nicht anzustecken und die gleichzeitig versuchen, die Virustragenden innerhalb ihrer Schar zu isolieren.

Das Spiel wirkt zunächst wie ein normales Fangspiel. Die ausgewählten Virustragenden versuchen mit ihren Gummihühnern möglichst viele gesunde Hühner anzustecken. Da das Virus nur über die Luft übertragen wird, dürfen sie die anderen mit dem Gummihuhn nur abwerfen – nicht abschlagen. Wird ein gesundes Huhn vom Gummihuhn getroffen, ist es infiziert und muss stehenbleiben und laut um Hilfe rufen. Die gesunden Hühner können es dann wieder vom Virus befreien, indem sie sich zu zweit um das kranke Huhn stellen, sich an den Händen fassen und laut „Actimel – aktiviert – Abwehrkräfte" rufen.

Zusätzlich gibt es bei diesem Spiel zwei Sonderregeln:

- Fängt ein gesundes Huhn das geworfene Gummihuhn, ohne dass dieses zuvor den Boden berührt, wechseln beide ihre Rollen. Die Person, die das Gummihuhn gefangen hat, behält es und wird neue*r Virusträger*in. Die andere Person wird automatisch zu einem ganz normalen gesunden Huhn.
- Die gesunden Hühner können nicht nur weglaufen und sich verstecken, sondern haben die Möglichkeit, ihrerseits gegen die Virustragenden vorzugehen: Sobald eine*r der Virustragenden das Gummihuhn geworfen hat, können mehrere gesunde Hühner (mindestens drei Personen) mit den Händen einen geschlossenen Kreis um diese Person bilden. Gelingt dies, ohne dass diese in der Zwischenzeit ihr Gummihuhn aufgehoben hat oder eines der gesunden Hühner von einem anderen Gummihuhn abgeworfen wurde, war der Versuch erfolgreich. Der bzw. die so umkreiste Virustragende ist kuriert und das dazugehörige Gummihuhn wird aus dem Spiel genommen.

Das Spiel endet, sobald entweder alle Hühner gleichzeitig infiziert sind oder es den gesunden Hühnern gelingt, alle H5N1-Virustragenden erfolgreich zu isolieren.

I've got the Power

Ort:
Raum, Wiese

Dauer:
5 - 10 Minuten

Gruppe:
Für Gruppen von 9 - 30 Personen

Hilfsmittel:
Song „I've got the power", Lautsprecher

Vorbereitung:
Keine

Spielbeschreibung:
Alle Spielenden stehen im Kreis. Eine Person steht in der Mitte. Die Spielleitung erklärt kurz das Spiel und startet dann über einen Lautsprecher möglichst laut das Lied „I've got the power". Nun ist die Person in der Mitte gefragt und beginnt spontan mit verschiedenen Tanz- oder Fitnessbewegungen. Die anderen Spielenden bleiben auf ihren Plätzen und ahmen alle Bewegungen nach.

Wenn eine Person aus der Runde gerne etwas anderes machen würde oder unzufrieden mit den Vorgaben ist, kann sie jederzeit selbst die Macht übernehmen. Sie muss nur in die Mitte gehen, die andere Person kurz antippen und laut rufen „I've got the Power". Sofort wechseln die Rollen und die neue Person startet mit ihren Tanz- oder Fitnesseinlagen, die von den anderen Spielenden übernommen werden müssen. Dies geht so lange, bis das Lied zu Ende ist.

Jump

Spielbeschreibung:
Alle Spielenden stehen in einem großen Kreis. Die Spielleitung ruft ein Kommando und hüpft mit beiden Füßen gleichzeitig in die entsprechende Richtung. Insgesamt gibt es vier Kommandos:

- Jump In – die Spielleitung hüpft Richtung Kreismitte.
- Jump Out – die Spielleitung hüpft nach außen.
- Jump Right – die Spielleitung hüpft nach rechts.
- Jump Left – die Spielleitung hüpft nach rechts.

Nach jedem Kommando rufen die Spielenden etwas und machen einen Sprung. Nach 5 bis 6 Kommandos startet die Spielleitung eine neue Runde.

In der ersten Runde rufen und hüpfen die Spielenden genau das gleiche wie die Spielleitung.

In der zweiten Runde rufen die Spielenden das gleiche Kommando, hüpfen aber in die gegengesetzte Richtung.

In der dritten Runde rufen die Spielenden das gegenteilige Kommando, hüpfen aber in die gleiche Richtung.

In der letzten Runde rufen und hüpfen die Spielenden genau das Gegenteil von dem, was die Spielleitung vorgibt.

Ort:
Raum, Wiese

Dauer:
5 – 10 Minuten, je nach Gruppengröße

Gruppe:
Für Gruppen von 6 – 30 Personen

Hilfsmittel:
Keine

Vorbereitung:
Keine

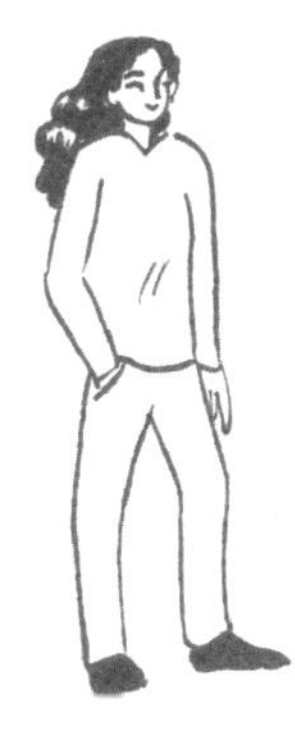

Kampf der Jedis

Ort:
Raum, Wiese

Dauer:
5 - 10 Minuten

Gruppe:
Für Gruppen von 8 - 24 Personen

Hilfsmittel:
Pro Person 1 kurze Schwimmnudel und 1 kleiner Gegenstand (z. B. Bauklötzchen, Bierdeckel, Streichholzschachtel o.ä.), Seil als Markierungslinie

Vorbereitung:
In der Mitte der Spielfläche das Seil als Trennlinie auslegen.

Spielbeschreibung:
Alle Personen bekommen von der Spielleitung eine Schwimmnudel (Laserschwert) und einen kleinen Gegenstand (Droiden) überreicht und stellen sich jeweils zu zweit zusammen (zu Beginn des Spiels ist es egal, auf welcher Seite die Paare stehen). Dann legen sich alle den Gegenstand auf den Handrücken der einen Hand und nehmen die Schwimmnudel in die andere Hand. Bevor der eigentliche Wettkampf beginnt, wird eine Seite der Spielfläche zur siegreichen Seite bestimmt.

Dann geht es los: Die gebildeten Paare versuchen sich gegenseitig mit den Schwimmnudeln den Gegenstand vom Handrücken zu schlagen. Sie dürfen sich dazu nur mit den Schwimmnudeln berühren. Gegenseitiges Schubsen oder Berührungen mit dem Körper sind verboten. Sobald einer Person der Gegenstand vom Handrücken fällt, bekommt die andere einen Punkt. Nach zwei Siegpunkten endet das Duell und die beiden Spielenden suchen sich ein neues Gegenüber. Dazu geht die siegreiche Person auf die Spielhälfte der Sieger*innen und die andere Person auf die Spielhälfte der Verlierer*innen. Ziel des Spieles ist es, so lange wie möglich auf der siegreichen Seite zu stehen bzw. stehen zu bleiben.

Kaperfahrt

Spielbeschreibung:
Die Spielenden stellen sich paarweise zusammen. Alle Paare bekommen jeweils einen Fahrradschlauch und verteilen sich auf dem Spielfeld. Die Spielenden stellen sich zu zweit in den Fahrradschlauch hinein und ziehen diesen über ihre Hüftknochen: Sie sind die Handelsschiffe und in gefährlichen Gewässern unterwegs.

Ein Paar aus der Gruppe spielt kein Handelsschiff, sondern zwei gemeingefährliche Pirat*innen. Diese beiden Spielenden bekommen zu ihrem gemeinsamen Fahrradschlauch jeweils einen eigenen Schlauch zum Kapern. Die Pirat*innen legen sich ihren zweiten Fahrradschlauch auch um die Hüfte (diesmal alleine) und halten ihn mit beiden Händen fest. Nun beginnt das eigentliche Spiel und alle Schiffe setzen sich in Bewegung.

Die beiden Pirat*innen sind dabei zwar gemeinsam in einem Boot unterwegs, arbeiten aber auf eigene Rechnung. Denn nur wem es zuerst gelingt, ein anderes Schiff zu kapern, der bleibt im Spiel.

Beide versuchen also als erstes ein anderes Schiff zu kapern, indem sie ihren zusätzlichen Fahrradschlauch einer anderen Person über den Oberkörper streifen. Gelingt dies, bilden der bzw. die erfolgreiche Pirat*in und die gefangene Person ein neues Piratenschiff und die beiden ursprünglichen Schiffskamerad*innen müssen den gemeinsamen Fahrradschlauch verlassen und an Ort und Stelle stehen bleiben.

Ort:
Raum, Wiese

Dauer:
10 – 15 Minuten

Gruppe:
Für Gruppen von 12 – 30 Personen

Hilfsmittel:
Pro Person 1 Fahrradschlauch, 1 kurzes Markierungsseil, evtl. Markierungsseil für Spielfläche

Vorbereitung:
Mit Seilen oder anderen Begrenzungen ein Spielfeld von ca. 10 x 10 Metern festlegen. Mit einem kurzen Seil eine Fläche von ca. 3 x 3 Metern am Rand des Spielfeldes markieren. Für jede Person aus der Gruppe einen Fahrradschlauch bereitlegen.

>>

Die anderen Handelsschiffe können die zwei in Seenot geratenen Spielenden retten, indem sie zu ihnen laufen, sie in ihre Fahrradschläuche steigen lassen und zu dritt zum nächsten Hafen fahren. Dieser befindet sich in einer Ecke des Spielfeldes und ist mit einem kurzen Seil oder ähnlichem markiert. Dort liegen mehrere zusätzliche Fahrradschläuche bereit.

Sobald zwei Spielende im Hafen stehen, können sie sich einen dieser Fahrradschläuche nehmen und als neues Handelsschiff in See stechen.

Das Spiel läuft so lange, bis alle eingefangen wurden oder die Spielleitung das Spiel beendet.

Kommentar:
Das Besondere dieses Spieles ist die Konkurrenz der beiden Pirat*innen, die sich zu zweit einen Fahrradschlauch als Schiff teilen. Bei zu großen Dehnbewegungen können die Schläuche auch mal auseinander gehen, dies geschieht aber ohne Zurückschnellen der Schlauchenden und ist völlig ungefährlich für die Beteiligten.

Einen weiteren Reiz bilden die sich immer wechselnden Paarkonstellationen während des Spielverlaufs. Der ständige Wechsel der Fahrradschläuche wirkt zunächst etwas irritierend, ist aber im Grunde ganz einfach. Es müssen immer nur die beiden Spielenden den Fahrradschlauch abstreifen, die nicht an der Kaperung beteiligt waren. Die beiden gekaperten Personen stehen schon gemeinsam in einem Schlauch und bekommen auf diese Weise direkt ihren zusätzlichen Fahrradschlauch, um weiter auf Kaperfahrt zu gehen.

Um die Spielspannung möglichst hoch zu halten, empfiehlt sich ein Verhältnis von Handelsschiff zu Piratenschiff von 5:1.

Kommt mal alle her!

Ort:
Raum, Wiese

Dauer:
5 – 10 Minuten

Gruppe:
Für Gruppen von 8 – 30 Personen

Hilfsmittel:
Keine

Vorbereitung:
Keine

Spielbeschreibung:
Zu Beginn gehen alle Spielenden kreuz und quer auf der Spielfläche umher. Eine Person (es empfiehlt sich, dass die Spielleitung beginnt) macht einen Vorschlag an die Gruppe, indem sie laut mit verschwörerischer Stimme ruft: „Hey, kommt mal alle her!". Nun laufen alle Spielenden ganz schnell zu der entsprechenden Person, stellen sich in einem engen Kreis um sie herum und der bzw. die Rufende macht den anderen mit motivierender Stimme einen Vorschlag, z. B.: „Sollen wir wie Flugzeuge mit weit ausgestreckten Armen über die Wiese fliegen?" Jetzt rufen alle Spielenden laut und begeistert „Au ja!" und los geht's – die gesamte Gruppe läuft mit ausgestreckten Armen über die Wiese. Dies geht so lange, bis eine andere Person aus der Gruppe „Hey, kommt mal alle her!" ruft und einen neuen Vorschlag macht.

Kommentar:
Mit der Spielregel, dass jeder Vorschlag mit einem begeisterten „Au ja!" aufgenommen werden muss, wird auf spielerische Weise der Anspruch umgesetzt, dass alle Ideen und Impulse aus der Gruppe von den anderen wertgeschätzt werden sollen – unabhängig wie gut oder schlecht die Spielenden die Idee zunächst finden.

Darüber hinaus verdeutlicht das Spiel den Spielenden sehr schön, dass sie selbst für das Spielgeschehen und den gemeinsamen Spielspaß verantwortlich sind. Die Spielleitung sollte sich aus diesem Grund auch sehr mit eigenen Vorschlägen zurückhalten und lieber eine Runde mehr als Flugzeug über die Wiese fliegen – und abwarten, bis irgendwer eine neue Idee hat.

Megamaxkin

Ort:
Raum, Wiese

Dauer:
5 – 10 Minuten

Gruppe:
Für Gruppen von 8 – 30 Personen

Hilfsmittel:
Keine (evtl. pro Person 1 Karte mit dem Wort „Megamaxkin" und 1 Stift – dies ist aber nicht zwingend notwendig)

Vorbereitung:
Karten vorbereiten

Spielbeschreibung:
Alle Spielenden stellen sich jeweils zu viert zusammen und knobeln gemeinsam sechs Runden. In jeder Runde dürfen die Spielenden eine Zahl zeigen, also 1 bis 5 Finger für die Zahlen 1 bis 5 oder die Faust als Symbol für die Zahl 6. Die Spielenden dürfen jede Zahl allerdings nur einmal innerhalb der sechs Runden verwenden.

Nach jeder Knobelrunde werden Punkte vergeben. Die Spielenden spielen für sich und versuchen möglichst viele Punkte zu bekommen. Dazu benötigen sie jedoch die Hilfe der Mitspielenden. Denn die gezeigten Zahlen der vier Spielenden werden immer in zwei Zweierzahlen zusammengefasst. Diejenigen mit der höheren Zahlenkombination bekommen jeweils einen Punkt. Zeigen beide Paare die gleichen Zahlenkombinationen, bekommt niemand einen Punkt.

Die Paarkonstellationen werden vor jeder Knobelrunde neu festgelegt. Wichtig ist, dass diese immer wechseln und innerhalb der sechs Runden jeder bzw. jede Spielende insgesamt zweimal mit einem bzw. einer der anderen Spielenden eine Zahlenkombination gebildet hat.

Die Rangfolge der Zahlenkombinationen orientiert sich an der Wertung des Würfelspiels „Mäxchen", bei der die jeweils höhere Zahl den Zehner und die niedrigere Zahl den Einer bildet. Darüber kommen die verschiedenen Pasch-Kombinationen und als höchster Wert gilt die Zahlenkombination 21.

Insgesamt gibt es folgende mögliche Zahlenkombination in aufsteigender Wertigkeit:
31, 32
41, 42, 43
51, 52, 53, 54
61, 62, 63, 64, 65
11, 22, 33, 44, 55, 66
21

Nach sechs Runden löst sich die Vierergruppe auf und alle Spielenden suchen sich eine neue Vierergruppe.

Die Spielenden dürfen sich für jeden Punkt einen Buchstaben des Wortes MEGAMAXKIN auf ihrer Karte markieren. Die Person, die zuerst das ganze Wort markiert hat, gewinnt das Spiel.

Mutanten unter uns

Ort:
Größere ebene Fläche (Wiese)

Dauer:
10 – 20 Minuten

Gruppe:
Für Gruppen von 6 – 30 Personen

Hilfsmittel:
Keine

Vorbereitung:
Keine

Spielbeschreibung:
Bei diesem Spiel wird eine Person zum Mutanten bestimmt, das in der Lage ist, einzelne Mitspielende nur durch Zuzwinkern zu infizieren. Die einzige Möglichkeit der Gruppe, sich zu schützen, besteht im Herausfinden, wer der Mutant ist. Aber dies ist gar nicht so einfach …

Zu Beginn des Spiels stellen sich alle Spielenden in einen engen Kreis (Schulter an Schulter) mit dem Gesicht nach außen und halten die Augen geschlossen. Die Spielleitung steht innerhalb des Kreises und geht langsam von einer Person zur nächsten. Dabei tippt sie einer Person aus der Gruppe unauffällig in den Rücken und bestimmt so diese Person zum Mutanten.

Dann beginnt das eigentliche Spiel. Alle Spielenden gehen kreuz und quer über die Spielfläche und beobachten sich gegenseitig. Der Mutant geht ebenfalls umher und nutzt kurze, unbeobachtete Momente, einzelne Mitspielende durch gezieltes Zuzwinkern zu infizieren. Die auf diesem Wege infizierten Personen dürfen nur noch 1 bis 3 Schritte machen und sinken dann ohnmächtig zu Boden. Wenn eine Person aus der Gruppe zu wissen glaubt, wer der Mutant ist, kann sie den Arm heben und ist ab diesem Zeitpunkt immun, d.h. sie kann ab diesem Moment nicht mehr außer Gefecht gesetzt werden. Sobald eine zweite Person aus der Gruppe den Arm gehoben hat, stoppt das Spielgeschehen und auf ein Kommando der Spielleitung zeigen nun beide Spielenden gleichzeitig auf die Person, die sie verdächtigen.

Nun gibt es drei verschiedene Szenarien:

1. Beide Spielende zeigen auf unterschiedliche Personen: In diesem Fall sinken beide Personen sofort ohnmächtig zu Boden und der Verdacht wird gar nicht erst aufgeklärt. Das Spiel geht weiter.
2. Beide Spielende zeigen auf die gleiche Person, aber die verdächtige Person ist nicht der gesuchte Mutant: In diesem Fall sinken ebenfalls beide Personen, die den Verdacht geäußert haben, ohnmächtig zu Boden und das Spiel geht ohne sie weiter.
3. Beide Spielende zeigen auf die gleiche Person und bei der verdächtigten Person handelt es sich um den gesuchten Mutanten: In diesem Fall hat die Gruppe es geschafft, die Person zu identifizieren und in Quarantäne zu setzen. Die Spielrunde ist beendet und die Gruppe hat gewonnen.

Kommentar:
Dieses Spiel ist eine Gruppenspiel-Variante des sogenannten Mörder*innen-Spiels, das vor allem bei Ferienfahrten mit Kindern und Jugendlichen sehr beliebt ist und oft über mehrere Tage gespielt wird.

Ninja

Ort:
Raum, Wiese

Dauer:
5 – 10 Minuten

Gruppe:
Für Gruppen von 6 – 16 Personen

Hilfsmittel:
Keine

Vorbereitung:
Keine

Spielbeschreibung:
Alle Spielenden stehen mit vor der Brust gefalteten Händen im Kreis. Auf ein Kommando verneigen sich alle, machen einen großen Sprung rückwärts und bleiben stehen so wie sie sind, ohne sich weiter zu bewegen (ähnlich wie nach dem Kommando „Einfrieren" beim Improvisationstheater).

Nun beginnt das eigentliche Spiel: Nacheinander darf immer eine Person versuchen, mit einer Hand den Handrücken einer anderen Person abzuschlagen. Dazu darf sie aber nur eine Bewegung ausführen und muss in der abschließenden Haltung stehen bleiben. Die Bewegung kann durchaus von mehreren Körperteilen gleichzeitig durchgeführt werden (z. B. nach vorne springen und gleichzeitig mit einer Hand zuschlagen). Sie muss aber in einem Fluss erfolgen und darf keine Richtungswechsel beinhalten (z. B. Hand vor und wieder zurück ziehen).

Die angegriffene Person darf sich ebenfalls bewegen und eine Ausweichbewegung machen. Diese darf allerdings auch nur eine Bewegungsrichtung beinhalten und die Person muss anschließend in der Ausgangshaltung verharren. Nachdem die Person ihren Angriff ausgeführt hat und alle beteiligten Spielenden ihre Bewegung beendet haben, geht das Schlagrecht an die Person zur Linken weiter. Reihum darf jede Person einmal einen Angriff starten. Die Reihenfolge, in der die Spielenden ihren Schlag ausüben dürfen, bleibt immer gleich – unabhängig, wo sie mittlerweile stehen. Während das Schlagrecht immer nach links weitergegeben wird, kann der Angriff in jede Richtung erfolgen. Nach einer kurzen Einführungsphase wird das Schlagrecht nicht mehr verbalisiert, sondern alle Spielenden müssen selbst darauf achten, wer wann schlagen darf und entsprechend aufpassen.

Sobald eine Person getroffen wurde, gibt es zwei Möglichkeiten:

Variante A: Die Person scheidet aus und muss den Kreis verlassen. Die restlichen Spielenden beginnen das Spiel von vorne und die Person links von der ausgeschiedenen Person hat als erstes das Schlagrecht. Die Person, die zuletzt übrig bleibt, hat das Spiel gewonnen und wird zum bzw. zur letzten lebenden Ninja.

Variante B: Die getroffene Person darf weiter mitspielen, muss aber die Hand, die abgeschlagen wurde, auf den Rücken legen und darf sie nicht weiter nutzen. Wird auch die zweite Hand abgeschlagen, scheidet die Person aus dem Spiel aus. Sobald mehr als drei Personen ausgeschieden sind, beginnt das Spiel von vorne und alle dürfen wieder mitspielen.

Kommentar:
Einige Spielende haben oft Probleme damit, dass zwar das Schlagrecht immer nach links weiter gegeben wird, die Angriffe aber sowohl nach links als auch nach rechts ausgeführt werden dürfen. Aus diesem Grund macht es Sinn, mit einer Proberunde zu starten und alle Abläufe im Spielverlauf kurz vorzumachen.

Pentagon

Ort:
Große freie Fläche mit mehreren markanten Punkten (Park, Innenhof)

Dauer:
10 - 20 Minuten

Gruppe:
Für Gruppen von 10 - 30 Personen

Hilfsmittel:
Pro Spielendem 1 Fahrradschlauch, 10 - 15 Teppichfliesen, mehrere kurze Markierungsseile

Spielbeschreibung:
Die Spielenden werden in mehrere Teams von jeweils fünf Personen eingeteilt und stellen sich innerhalb ihrer Kleingruppen kreisförmig zusammen. Jede Person bekommt einen Fahrradschlauch und zieht diesen über den eigenen Oberkörper und den von der Person zu ihrer Linken, so dass am Ende alle fünf Spielende miteinander verbunden sind und sich mit ihren jeweiligen Nachbar*innen zur Rechten und zur Linken einen Fahrradschlauch teilen.

Wenn alle Spielenden so weit sind und mehrere Fünfecke (Pentagone) gebildet haben, kann das Spiel beginnen. Sobald die Spielleitung das Startkommando gibt, versuchen alle Pentagone so schnell wie möglich, alle Ziele einmal mit den Teppichfliesen abzuschießen. Die Reihenfolge ist egal. Darüber hinaus ist es auch möglich, sich gegenseitig abzuschießen und auf diese Weise gegnerische Teams kurzzeitig aus dem Weg zu räumen (s. Regeln).

Zum Schießen werden die Teppichfliesen der Länge nach gerollt oder gefaltet und von den Teams nach außen geflitscht. Am besten gelingt dies, wenn zwei miteinander verbundene Spielende so weit wie möglich auseinandergehen und so den gemeinsamen Fahrradschlauch in Spannung bringen. Die Person, die genau zwischen bzw. hinter diesen beiden Spielenden steht, kann nun eine Teppichfliese einspannen, den Fahrradschlauch nach innen ziehen, zielen und den Fahrradschlauch mit der Fliese flitschen lassen.

Während des Spiels gelten folgende Regeln:

- Jedes Team darf immer nur jeweils drei Teppichfliesen auf einmal aufheben.
- Immer wenn ein Team drei neue Teppichfliesen aufgehoben hat, muss sie zuerst zu dem zentralen Punkt laufen und diesen berühren. Erst dann sind die Teppichfliesen abschussbereit.
- Wird ein Team von einem anderen Pentagon getroffen (einer der Spielenden wird von der fliegenden Teppichfliese berührt), muss das Team augenblicklich seine Teppichfliesen fallenlassen und zum „Hafen" laufen. Erst danach darf es wieder aktiv am Spielgeschehen teilnehmen.

Das Pentagon, das zuerst alle Ziele einmal getroffen hat, gewinnt.

Kommentar:
Das Flitschen der Teppichfliesen bedarf etwas Übung, aber mit ein wenig Geschick fliegen diese bis zu zehn Meter weit. Da das Spiel insbesondere bei mehr als drei Teams recht turbulent ist, sind alle Teams selbst für die Einhaltung der Regeln und das Zählen der Treffer verantwortlich.

Vorbereitung:
Ein Spielfeld von ca. 15 x 10 Metern festlegen. 4 bis 5 Zielpunkte innerhalb des Spielfeldes bestimmen (z. B. ein Baum, ein Pfosten, die Tür eines Schuppens, die Rückenlehne einer Parkbank usw.) und im Abstand von ca. 3 bis 4 Metern Markierungsseile davor auslegen. Für jede Person aus der Gruppe einen Fahrradschlauch bereitlegen und die Teppichfliesen um einen markanten Punkt innerhalb des Spielfeldes auf dem Boden verteilen.
in einer Ecke des Spielfelds einen Punkt als „Hafen" bestimmen (z. B. einen Busch oder eine Markierung auf dem Boden).

Ringkampf

Ort:
Raum, Wiese mit der Möglichkeit, einen Ring an einer Schnur aufzuhängen (z. B. an der Decke oder draußen an einem Ast)

Dauer:
5 - 10 Minuten

Gruppe:
Für Gruppen von 8 - 24 Personen

Hilfsmittel:
Pro Person 1 kurze Schwimmnudel, Befestigungsmöglichkeit oberhalb der Spielfläche, 1 Ring mit einem Durchmesser von 10 - 15 Zentimetern, Schnur zum Aufhängen des Ringes

Vorbereitung:
Den Ring mithilfe einer Schnur so aufhängen, dass dieser in einer Höhe von 120 bis 150 Zentimetern vom Boden hängt und die Gruppe sich in einem großen Kreis um den Ring herum aufstellen kann.

Spielbeschreibung:
Die Gruppe wird in zwei gleich große Gruppen aufgeteilt. Diese stellen sich immer abwechselnd (Person Gruppe A, Person Gruppe B, Person Gruppe A, Person Gruppe B usw.) in einen Kreis um den aufgehängten Ring. Dann bekommen alle Spielenden eine Schwimmnudel überreicht und halten diese mit ausgestrecktem Arm Richtung Kreismitte. Der Kreis sollte dabei so groß sein, dass alle Spielenden den Ring in der Mitte des Kreises bequem mit der Spitze ihrer Schwimmnudel erreichen können, ohne dabei ihren Platz zu verlassen. Wenn alle eine gute Position gefunden haben, dreht die Spielleitung den Ring mehrere Mal um die eigene Achse, so dass sich die Schnur dabei aufzwirbelt. Auf ein Kommando hin lässt die Spielleitung den Ring los und verlässt so schnell wie möglich den Kreis. Während der Ring aufgrund der Spannung in der Schnur anfängt, sich um die eigene Achse zu drehen, versuchen alle Spielenden gleichzeitig, mit ihrer Schwimmnudel durch dessen Öffnung zu stoßen, ohne dabei ihre Startposition zu verändern.

Sobald eine Person es geschafft hat, den Ring mit der eigenen Schwimmnudel aufzuspießen, ist die Runde beendet und die Gruppe, der die Person angehört, bekommt einen Punkt. Die Gruppe, die zuerst sieben Punkte hat, gewinnt.

Scrabble-Rennen

Spielbeschreibung:
Die Gruppe wird in mehrere Teams von jeweils 2 bis 6 Spielenden eingeteilt. Alle stellen sich hinter ihren jeweiligen Stuhl und warten auf das Startsignal. Sobald es losgeht, darf immer eine Person pro Team zu den verdeckten Karten laufen, sich eine Karte nehmen und mit dieser zurück zum Stuhl laufen, ohne sich die Karte dabei anzuschauen. Sobald sie angekommen ist, dürfen die Spielenden den Buchstaben sehen und die nächste Person aus dem Team läuft los.

Ziel des Spieles ist es, als erstes Team ein Wort mit fünf Buchstaben zu bilden, das von den anderen Teams anerkannt wird. Jedes Team darf jedoch nur maximal fünf Karten an seinem Stuhl sammeln. Können die Spielenden mit den vorhandenen fünf Buchstaben kein Wort bilden, müssen sie für jede neue Karte eine andere Karte zurückbringen. Hat ein Team ein Wort, ruft es laut „SCRABBLE" und stellt den anderen das Wort vor. Gibt es seitens der anderen Teams keine Einwände, endet die Runde und das Team bekommt einen Siegpunkt. Alle Karten werden gemischt und für die nächste Runde wieder verdeckt ausgelegt.

Das Team, das als erstes zwei Siegpunkte hat, gewinnt.

Kommentar:
Im Vorfeld des Spieles muss die Gruppe klären, inwieweit Eigennamen oder Fremdsprachen erlaubt sind oder nicht.

Ort:
Größere freie Fläche

Dauer:
5 - 10 Minuten

Gruppe:
Für Gruppen von 6 - 30 Personen

Hilfsmittel:
Kartenset mit allen Buchstaben in mehrfacher Ausführung (analog zu Scrabble), pro Team 1 Stuhl

Vorbereitung:
Karten mit Buchstaben vorbereiten und an dem einen Ende des Spielfeldes verdeckt nebeneinander auslegen. In ca. 10 Metern Entfernung zu den Karten für jedes Team einen Stuhl bereitstellen, die alle in einem Abstand von 2 bis 3 Metern nebeneinanderstehen.

Song Contest

Ort:
Raum, Wiese

Dauer:
10 - 20 Minuten

Gruppe:
Für Gruppen von 6 - 30 Personen

Hilfsmittel:
Keine

Vorbereitung:
Keine

Spielbeschreibung:
Die Spielenden werden in zwei gleich große Gruppen aufgeteilt und stehen sich im Abstand von etwa 5 bis 6 Metern gegenüber. Die freie Fläche zwischen den beiden Gruppen bildet die Bühne, auf der nun der große Song Contest ausgetragen wird.

Jede Runde beginnt mit der Festlegung eines Buchstabens. Dazu bestimmt die Spielleitung eine Person, die laut „Stopp" sagen soll und beginnt in Gedanken das Alphabet durchzugehen, bis sie das entsprechende Signal hört. Der so gefundene Buchstabe bildet die Grundlage für das anstehende Duell.

Beide Gruppen haben nun die Aufgabe, so schnell wie möglich ein bekanntes Lied zu finden, das mit dem entsprechenden Buchstaben beginnt oder in dessen Refrain eines der wesentlichen Wörter mit diesem Buchstaben anfängt. Fällt einer Person ein solches Lied ein, läuft sie schnell in die Mitte, dreht sich mit dem Gesicht zum eigenen Team und fängt an zu singen. Die restlichen Teammitglieder unterstützen die singende Person und singen mit - unabhängig davon, wie text- oder melodiesicher sie sind.

Das andere Team ist nun unter Zugzwang: Die Spielenden müssen nun ganz schnell ihrerseits ein passendes anderes Lied finden, bevor das andere Team den Refrain ihres Liedes zu Ende gesungen hat. Fällt einer Person ein Lied ein, läuft sie in die Mitte, unterbricht die singende Person mit einem leichten Schubs und fängt an zu singen. Dies geht so lange, bis einem Team kein neues Lied mehr einfällt und das andere Team den Refrain seines Liedes ungestört zu Ende singen kann. Das siegreiche Team bekommt einen Punkt und die Spielleitung bestimmt mithilfe der Spielenden einen neuen Buchstaben für die nächste Runde. Nach 5 bis 7 Siegpunkten endet das Spiel.

Kommentar:
Der Wettkampf bezieht sich bei diesem Spiel nur auf das Finden und Singen von Liedern. Sobald eine Person auf der Bühne von einer anderen Person unterbrochen wird, muss sie sofort den Platz freigeben und darf keinerlei Widerstand leisten. Darüber hinaus ist es wichtig, dass die anderen Teammitglieder immer versuchen, mitzusingen und sich gegenseitig unterstützen. Wenn dabei nur ein unmelodisches, unrythmisches „Lalalala" herauskommt, ist es egal. Hauptsache, das ganze Team ist dabei und alle haben Spaß.

Bei vielen Liedern ist der Refrain bekannt, aber kaum einer weiß den genauen Titel bzw. manche Schlachtgesänge haben überhaupt keinen richtigen Titel. Durch die bewusst diffus gewählte Formulierung „oder in dessen Refrain eines der wesentlichen Wörter mit diesem Buchstaben anfängt", können mögliche Diskussionen um Titelangaben vermieden werden. Gleichzeitig wird die Zahl an Liedern, die infrage kommen, erhöht. Ein Lied wie z. B. „Alle meine Entchen" könnte sowohl bei dem Buchstaben „A" als auch bei „M", „Ü" oder „E" gesungen werden. Dies klingt zunächst sehr einfach, aber für die Spielenden ist es unglaublich schwer, unter Zeitdruck im Geiste nach Liedern zu suchen, während das gegnerische Team lautstark sein Lied zum besten gibt.

Square Dance

Ort:
Raum, Wiese

Dauer:
5 - 10 Minuten

Gruppe:
Für Gruppen von 8 - 30 Personen

Hilfsmittel:
Lautsprecher, Square Dance-Musik

Vorbereitung:
Keine

Spielbeschreibung:
Alle Spielenden stellen sich zu zweit zusammen. Beide stehen nebeneinander, schauen in die gleiche Richtung und halten sich an den Händen (linke Hand an linke Hand und rechte Hand an rechte Hand). Dann beginnt die Musik. Alle Paare bewegen sich im Takt vorwärts.

Kommen sie an eine Wand oder ein anderes Paar, rufen beide laut „Yiieha", ziehen sich gegenseitig an den Händen und machen so eine 180 Grad Drehung.

Treffen zwei Paare direkt aufeinander und schauen sich dabei gegenseitig an, wechseln die beiden Paare die Partner*innen. Die neuen Paarungen haken sich mit den Armen unter, drehen sich mehrmals im Kreis und rufen laut „Jippiejahei". Anschließend gehen die neuen Paare wieder in die Ausgangshaltung, nehmen sich an den Händen und bewegen sich wie die anderen paarweise vorwärts.

Kommentar:
Dies ist ein sehr einfaches Spiel und bedarf einer recht spielfreudigen Gruppe. Aber wenn die Spielenden bereit sind, sich darauf einzulassen, ist es ein großartiges kurzes Warming-Up am Morgen oder nach einer längeren Essenspause.

Super Smile

Spielbeschreibung:
Alle Spielenden stellen sich im Kreis auf und schauen sich an. Die Spielleitung fängt an und lächelt eine Person aus der Runde an (Person A). Wenn diese zurücklächelt, klatscht die Spielleitung mehrmals vor Freude in die Hände. Nun ist Person A an der Reihe und schenkt einer Person aus der Runde ein Lächeln. Sobald die angelächelte Person das Lächeln erwidert, ist sie an der Reihe und die andere Person klatscht vor Freude in die Hände. Dies geht so lange, bis alle Spielenden einmal angelächelt wurden.

Den Spielenden steht es selbstverständlich frei, ob sie ihr Glück mit einem breiten Honigkuchenpferdgrinsen oder eher einem feinen, verschmitzten Hauch eines Lächelns versuchen.

Variante:
Die Spielenden, deren Lächeln erwidert wurde, klatschen immer weiter. Mit jedem Lächeln kommt eine klatschende Person dazu, bis am Ende die ganze Gruppe im Kreis steht und alle gemeinsam in die Hände klatschen.

Kommentar:
Dieses Spiel eignet sich nur für Gruppen, die bereits spielerfahren sind und keine große Motivation zum Spielen benötigen. Der besondere Reiz dieses Spieles liegt in Einfachheit der Regeln und der Tatsache, dass es vielen Menschen erstaunlich schwer fällt, auf Kommando eine andere Person anzulächeln, obwohl sie im Alltag relativ häufig lächeln.

Ort:
Raum, Wiese

Dauer:
5 – 10 Minuten

Gruppe:
Für Gruppen von 6 – 16 Personen

Hilfsmittel:
Keine

Vorbereitung:
Keine

Tolle Rolle

Ort:
Raum, Wiese

Dauer:
5 - 10 Minuten

Gruppe:
Für Gruppen von 6 - 30 Personen

Hilfsmittel:
Kreppklebeband

Vorbereitung:
Keine

Spielbeschreibung:
Die Spielleitung gibt eine Rolle Kreppklebeband an die Gruppe und bittet die Spielenden, sich davon einen etwa 5 cm langen Streifen abzureißen. Mit dem Streifen formen nun alle Spielenden eine kleine Rolle (mit der Klebefläche nach außen) und kleben sich diese auf die Nase.

Wenn alle ein Kleberöllchen auf der Nase haben, beginnt das Spiel. Die Spielenden gehen kreuz und quer durch den Raum und suchen sich eine geeignete Person zum Duell. Haben sich zwei gefunden, nehmen diese ihre Hände auf den Rücken und recken ihre Köpfe so weit ruckartig zueinander, dass sich ihre Nasen ganz leicht berühren. Bei dieser Berührung bleibt eines der Kleberöllchen am anderen kleben. Die Person, die nun zwei Kleberöllchen auf der Nase hat, gewinnt den Zweikampf und darf sich eine neue Person zum Duell suchen. Die Person, die verloren hat, wird ab sofort zum bzw. zur glühenden Verehrer*in und vergöttert die Person, die gewonnen hat, mit immer wiederkehrenden lautstarken Verbeugungen.

Bei jedem weiteren Duell werden die Verehrenden immer zahlreicher. Bis am Ende eine Person mit einem großen Knäuel an Kleberöllchen auf der Nase übrig bleibt und von einer Horde glühender Verehrender gefeiert wird.

Wichtelmännchen

Spielbeschreibung:
Alle Spielenden sitzen im Kreis. Die Spielleitung beginnt und sagt zu einer Person links oder rechts neben ihr entweder das Wort „Wichtelmännchen" (links) oder „Wachsmaske" (rechts). Die angesprochene Person gibt nun das gleiche Wort in die gleiche Richtung weiter zur nächsten Person, oder sie sagt „Messwechsel" und leitet damit einen Richtungswechsel ein.

Insgesamt gibt es nur diese drei Kommandos/Wörter:
Nach links: Wichtelmännchen
Nach rechts: Wachsmaske
Richtungswechsel: Messwechsel

Macht eine Person einen Fehler oder verspricht sich bei einem der Wörter, geht das Spiel einfach weiter. Allerdings müssen alle Spielenden, die während des Spiels schmunzeln, grinsen oder lachen, auf der Stelle aufstehen und laut gackernd eine Runde um den Kreis laufen. Die anderen Spielenden spielen währenddessen weiter bzw. versuchen es ...

Kommentar:
Wichtelmännchen ist eines der Spiele, die schwer mit Worten zu erklären sind. Die Regel, dass bei Fehlern gar nichts passiert und das Spiel einfach weitergeht, wirkt erstmal sehr ungewöhnlich. Die üblichen Kategorien wie „richtig" oder „falsch" werden völlig irrelevant und es geht nur noch um die reine Freude am gemeinsamen Spiel. Um diesen Spaß erleben zu können, braucht es eine Gruppe, die bereits ein wenig „eingespielt" ist und in der die Spielenden keine Hemmungen mehr haben, mitzuspielen. Aber dann kann dieses einfache Spiel genau das richtige sein, um das Gemeinschaftsgefühl in der Gruppe zu fördern und die Spielfreude weiter zu steigern.

Ort:
Raum, Wiese

Dauer:
5 – 10 Minuten

Gruppe:
Für Gruppen von 6 – 24 Personen

Hilfsmittel:
Keine

Vorbereitung:
Keine

Wort für Wort

Ort:
Raum, Wiese

Dauer:
5 - 10 Minuten

Gruppe:
Für Gruppen von 6 - 16 Personen

Hilfsmittel:
Keine

Vorbereitung:
Keine

Spielbeschreibung:
Die Spielenden teilen sich in zwei Gruppen auf, die etwas entfernt voneinander im Kreis stehen. Beide Kreise spielen das gleiche Spiel. Eine Person fängt an und sagt ein beliebiges Wort. Im Uhrzeigersinn fügen die Spielenden nun jeweils ein passendes Wort oder ein Satzzeichen hinzu. Die gesprochenen Wörter müssen sich aufeinander beziehen und zusammen einen Satz bzw. die einzelnen Sätze eine ganze Geschichte bilden. Mit Ausnahme der einzelnen Wörter bzw. Satzzeichen dürfen die Spielenden nicht miteinander reden. Fällt einer Person kein passendes Wort ein, muss sie die Gruppe wechseln und sich dort in das Spielgeschehen einreihen, ohne zuvor erklärt zu bekommen, was bislang gesagt wurde.

Kommentar:
Die Gruppengröße der beiden Kreise kann während des Spielverlaufs deutlich variieren, aber das spielt keine Rolle.

Abenteuerspiele

Einführung

Der Begriff „Abenteuerspiele" bezieht sich auf Aufgaben, die mit spielerischen Mitteln das gemeinsame Handeln einer Gruppe von Menschen mit herausfordernden Situationen verknüpfen. Durch ihre nicht alltäglichen Anforderungen und die Spannung, ob die Gruppe die Aufgabe meistern wird, verfügen Abenteuerspiele über einen großen Aufforderungscharakter und einen hohen Erlebniswert für die Teilnehmenden. Sie sind meist ohne großen Aufwand und fast überall einsetzbar. Oft genügen ein großer Raum oder eine Wiese und ein paar Spielmaterialien, um Aufgaben zu kreieren, die eine Gruppe vor einige Herausforderungen stellen können.

Eine ausführliche Einführung zu Abenteuerspielen findet sich in „Abenteuer Spiel 2".

Arme über Kreuz

Spielbeschreibung:
Alle Personen stehen mit dem Gesicht zur Kreismitte im Kreis und halten sich mit gekreuzten Armen an den Händen (jede*r hält mit der linken Hand die rechte Hand der Person rechts und mit der rechten Hand die linke Hand der Person links).
Die Aufgabe der Gruppe besteht nun darin, sich so zu bewegen, dass am Ende alle Spielerenden mit dem Gesicht zur Kreismitte stehen und sich weiterhin die Hände halten, aber niemand die Arme über Kreuz hat. Die Hände dürfen währenddessen allerdings nicht losgelassen werden.

Ort:
Raum, Wiese

Dauer:
5 - 10 Minuten

Gruppe:
Für Gruppen von 6 - 30 Personen

Hilfsmittel:
Keine

Vorbereitung:
Keine

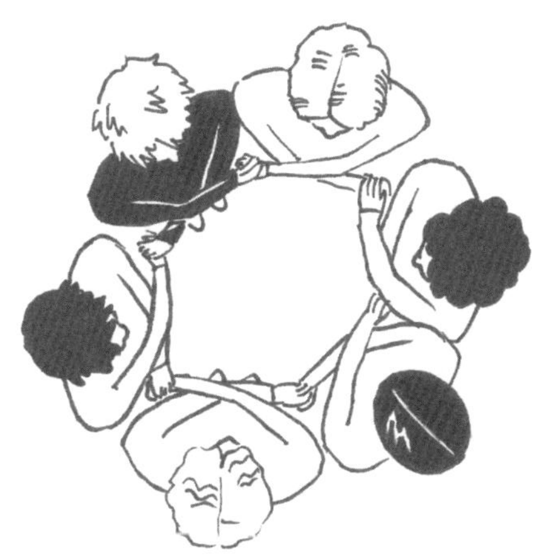

Ball entlang!

Ort:
6–8 Meter lange Wand oder Mauer mit genügend Platz davor

Dauer:
15–30 Minuten

Gruppe:
Für Gruppen von 6–16 Personen

Hilfsmittel:
1–2 feste Bälle in der Größe eines Fußballes oder größer (keine Softbälle), 2 Stühle oder andere Gegenstände als Hindernisse, Kreppklebeband

Spielbeschreibung:
Die Gruppe steht vor einer langen Wand, auf der mit Kreppklebeband zwei Linien geklebt sind. An einem Ende der Wand liegt ein Ball und an der Wand verteilt stehen zwei Stühle.

Die Aufgabe der Spielenden besteht darin, den Ball zwischen den beiden Linien von der einen Seite auf die andere zu rollen. Zu Beginn darf der Ball einmal mit den Händen angefasst und auf Hüfthöhe an die Wand gedrückt werden. Ab dann beginnt das eigentliche Spiel. Die Spielenden müssen den Ball zwischen den beiden Linien über die Wand rollen, ohne dass dieser zwischendurch den Kontakt zur Wand verliert oder auf den Boden fällt. Schwierig wird die Aufgabe dadurch, dass der Ball nicht mit den Händen oder Armen berührt werden darf, sondern lediglich mit dem Körper, dem Kopf, den Beinen und Füßen.

Außerdem darf der Ball nicht zwischen mehreren Körperteilen eingeklemmt und über die Wand gezogen werden, sondern muss immer gerollt werden. Um zu gewährleisten, dass die ganze Gruppe sich an der Bewältigung der Aufgabe beteiligt, darf jede Person erst dann wieder den Ball berühren, wenn alle anderen Spielerenden Kontakt zu dem Ball hatten.

Sobald der Ball die vorgegebene Bahn verlässt, den Kontakt zur Wand verliert oder auf den Boden fällt, muss der Ball zurück zum Start und die Gruppe beginnt von vorne.

Kommentar:
Bei mehr als acht Personen kann ein zweiter Ball ins Spiel gebracht werden, der von der anderen Seite aus über die Wand gerollt werden soll. Sobald einer der beiden Bälle die vorgegebene Bahn verlässt, den Kontakt zur Wand verliert oder auf den Boden fällt, müssen beide Bälle von vorne beginnen und die beiden Gruppen werden neu gemischt. Dadurch wird ein mögliches Konkurrenzdenken der beiden Gruppen von Vornherein vermieden und deutlich gemacht, dass die Aufgabe erst gelöst wurde, wenn die Gruppen gut miteinander kooperieren und beide Bälle fehlerfrei über die Wand gerollt wurden.

Vorbereitung:
Die Stühle an die Wand stellen, mit Kreppklebeband zwei Linien an die Wand kleben, so dass eine Art Band entsteht, das unterschiedlich breit ist und mehrere Engstellen aufweist. Die obere Linie sollte zwischen 150 und 200 cm über dem Boden verlaufen, die untere zwischen 50 und 120 cm. Die Engstellen sollten in unterschiedlichen Höhen verlaufen und dürfen nicht schmaler als die verwendeten Bälle sein.

Bleistift – Spitzer – Papier

Ort:
großer Raum,
große Wiese

Dauer:
20 - 30 Minuten, je nach Gruppengröße

Gruppe:
für Gruppen von 6 - 18 Personen

Hilfsmittel:
drei Tische, 20 Blätter, 1 Anspitzer, 2 nicht angespitzte Bleistifte

Spielbeschreibung:
Die Gruppe teilt sich in drei Teams auf und verteilt sich auf drei Tische, die möglichst weit voneinander entfernt im Raum verteilt stehen. Auf jedem Tisch liegt anderes Material bereit:

- Team A hat zwei nicht angespitzte Bleistifte (diese dürfen auf keinen Fall schreibfähig sein), kein Papier, keinen Anspitzer.
- Team B hat einen Anspitzer, aber keinen Bleistift und kein Papier.
- Team C hat eine größere, aber nicht durch drei teilbare Menge leerer Blätter, aber keinen Stift und keinen Anspitzer.

Bevor das Spiel beginnt, überlegt sich jedes Team einen passenden Teamnamen und teilt diesen der Gruppe mit. Ziel des Spiels ist es, dass jedes Team seinen Teamnamen auf möglichst viele leere Blätter schreibt. Dabei gelten folgende Regeln:

1. Es dürfen nur die ausgeteilten Materialien benutzt werden.
2. Tauschaktionen und andere Einigungen sind ausdrücklich erlaubt.
3. Die ausgeteilten Materialien dürfen nicht in Einzelteile zerteilt werden. Dies gilt auch für die Blätter. Sie dürfen nicht geteilt oder auseinandergerissen werden.
4. Nur die Verhandlungsführenden dürfen den Austausch zwischen den Gruppen organisieren.

Nachdem die Spielleitung allen die Regeln erklärt hat, sind keine Rückfragen mehr erlaubt. Die Gruppen beraten zunächst intern und treffen sich kurz darauf in einer neutralen Zone zu Verhandlungen. Dafür wird pro Team ein Gruppenmitglied ernannt. Diese dürfen sich wiederholt treffen und zu Zwischenberatungen zu ihrer Gruppe zurückgehen. Innerhalb der Teams können sich auch mehrere Spielende in dieser Rolle abwechseln. Der Rollentausch dar allerdings nur zwischen den Verhandlungsrunden erfolgen und nicht währenddessen.

Nach 20 Minuten ist das Spiel zu Ende. Die Spielleitung sammelt alle Blätter ein und zählt die aufgeschriebenen Teamnamen.

Kommentar:
Die meisten kooperativen Abenteuerspiele sind so angelegt, dass man nur durch kooperatives Handeln überhaupt die Chance hat, erfolgreich zu sein. In diesem Fall ist Kooperation aber weniger eine freie Entscheidung als pure Notwendigkeit. Umso spannender ist es, wenn Kooperation nur eine Möglichkeit unter anderen ist und die Spielenden für sich entscheiden müssen, ob sie sich für eine Gemeinschaftslösung einsetzen oder nicht.

Um beide Optionen wertneutral zur Wahl zu stellen, muss die Spielleitung darauf achten, dass sie das Ziel der Aufgabe bewusst so formuliert, dass eine gemeinschaftliche Lösung denkbar bleibt, aber nicht zwingend notwendig ist. In diesem Fall lautet der Formulierungsvorschlag: Ziel des Spiels ist es, dass jedes Team seinen Teamnamen auf möglichst viele leere Blätter schreibt. Damit bleibt offen, ob die Teams alle gleich viele Blätter beschriften oder ein Team versucht, mehr Blätter als die anderen zu beschriften.

Vorbereitung:
Die drei Tische im Raum verteilen, so dass jede Gruppe ungestört miteinander tuscheln kann. Auf einen Tisch die Blätter legen, auf den nächsten die beiden Bleistifte und auf den dritten Tisch den Anspitzer.

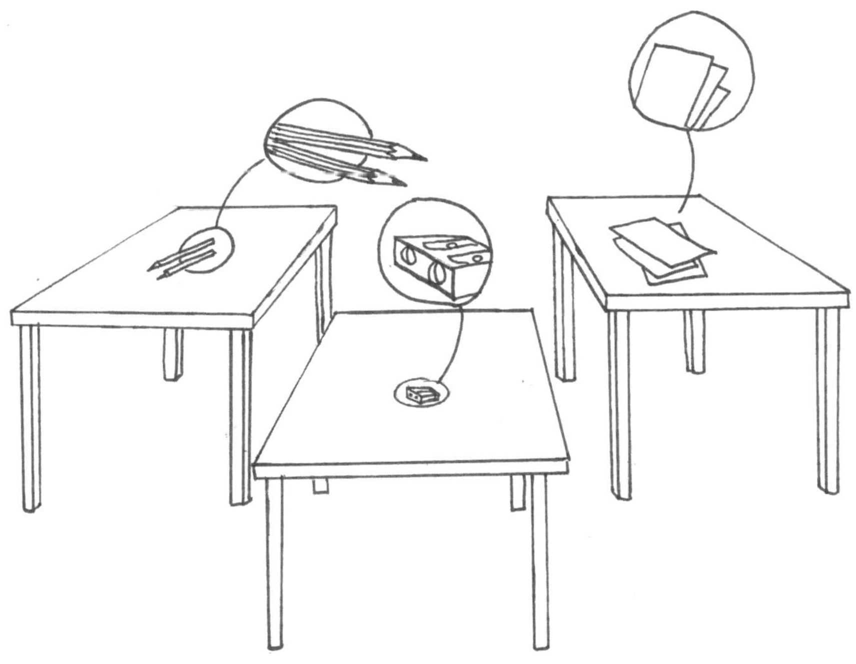

Der rettende Strohhalm

Ort:
Raum, Wiese

Dauer:
10 – 20 Minuten

Gruppe:
Für Gruppen von 12 – 24 Personen

Hilfsmittel:
pro Person eine gerader Strohhalm (Makkaroni sind auch möglich)

Vorbereitung:
Keine

Spielbeschreibung:
Alle bilden einen Kreis und halten eine Hand ausgestreckt in die Kreismitte. Nun bekommt jede Person einen Strohhalm und hat die Aufgabe, diesen waagerecht zwischen der eigenen Hand und der Hand der Person rechts von ihr einzuklemmen. Der Strohhalm darf dabei nicht festgehalten werden.

Wenn zwischen allen Spielenden ein Strohhalm klemmt, soll die Gruppe sich einmal komplett im Kreis drehen, ohne dass dabei einer der Strohhalme auf den Boden fällt oder festgehalten werden muss.

Variante:
Statt zwischen den Händen muss der Strohhalm zwischen den Wangen eingeklemmt werden.

Kommentar:
Die Schwierigkeit dieser Aufgabe entsteht durch das geringe Eigengewicht und die Instabilität der Strohhalme. Die Spielenden müssen sehr koordiniert und behutsam vorgehen, damit sie die Strohhalme nicht zerknicken oder fallen lassen.

Zur Sicherheit sollte die Spielleitung mehrere Strohhalme in Reserve haben, um geknickte Exemplare ersetzen zu können.

Sollte dies für eine Gruppe zu schwierig sein, können auch kurze Holzstöcke verwendet werden.

Die Variante mit den Wangen erhöht auf der einen Seite den Spielspaß deutlich, da es einfach viel lustiger aussieht und die Personen sehr eng beieinanderstehen und sich gegenseitig anschauen. Die Enden der Strohhalme drücken sich allerdings bei zu viel Belastung etwas in die Haut, was den Spaß zum Teil wieder etwas mindern kann.

Doppelkeksauto

Spielbeschreibung:
Die Spielleitung teilt die Spielenden in Gruppen von je 3 – 4 Personen auf. Die Aufgabe der jeweiligen Gruppen besteht darin, aus zwei Rollen Doppelkeksen ein Auto zu bauen, das ohne fremde Hilfe oder Stützen auf vier Rädern stehen kann. Als Material zum Autobau stehen der Gruppe nur die Doppelkekse sowie eine Küche mit Mikrowelle oder Backofen zum Schmelzen der Schokolade sowie ein Kühlschrank oder Eis zum Erhärten der Schokolade zur Verfügung.

Kommentar:
Konstruktionsaufgaben wie der Bau eines Doppelkeksautos verlangen sehr viel Konzentration, Geduld und eine gewisse Freude am Tüfteln. Auf manche Menschen wirkt diese Kombination besonders reizvoll, wieder andere reagieren schnell gereizt oder gelangweilt, wenn sie mit einer solchen Aufgabe konfrontiert werden.

Der Reiz dieser Bau-Aufgabe liegt in der besonderen Wahl der Materialien und der zur Verfügung stehenden Hilfsmittel. Pro Auto sollten immer nur maximal vier Personen beschäftigt sein.

Ort:
große Küche

Dauer:
45 - 60 Minuten

Gruppe:
Für Gruppen von 4 – 12 Personen

Hilfsmittel:
Doppelkekse, Mikrowelle oder Backofen, Kühlschrank oder Tasche mit Eiswürfeln

Vorbereitung:
Keine

Familienfoto

Ort:
Raum, Wiese

Dauer:
10 – 20 Minuten

Gruppe:
Für Gruppen von 10 – 30 Personen

Hilfsmittel:
Karten mit Vorgaben

Vorbereitung:
Vorgaben an die jeweilige Gruppe anpassen und pro Person eine Vorgabe-Karte vorbereiten.

Spielbeschreibung:
Wie immer ist die Familie zu ihrem diesjährigen Familientreffen zusammengekommen und es wird Zeit für das obligatorische Gruppenfoto. Doch dies ist gar nicht so einfach. Denn jedes Familienmitglied hat im Laufe der Zeit bestimmte Schrullen und Eigenheiten entwickelt und hat ganz bestimmte Vorstellungen und Ansprüche an den eigenen Platz auf dem Bild. Über diese zu sprechen ist natürlich tabu, denn niemand möchte den Familienfrieden aufs Spiel setzen ...

Daher ist das Familienfoto immer eine besondere Herausforderung. Nachdem die Spielleitung den Platz für das Foto bestimmt hat, werden nochmal kurz die Regeln erklärt, die während der Aufstellung gelten:

- Alle müssen mit dem Gesicht zur Spielleitung stehen.
- Alle müssen sich so in Reihen aufstellen, dass jede Person exakt vor bzw. hinter einer anderen Person steht (anders als bei normalen Gruppenfoto-Aufstellungen dürfen die Spielenden sich nicht versetzt hinter zwei Personen stellen)
- Zwischen zwei nebeneinanderstehenden Personen darf keine Lücke gelassen werden.
- Die Anzahl der Reihen ist beliebig.
- Aufgrund der sich immer wieder verändernden Lichtverhältnisse hat die Gruppe nur 40 Sekunden Zeit, sich aufzustellen. Danach ist die Sonne weg und der Versuch gilt als gescheitert.
- Während der Zeit der Aufstellung ist höchste Konzentration gefragt, d.h. die Spielenden dürfen in dieser Zeit nicht sprechen.
- Vor der eigentlichen Aufstellung darf die Gruppe sich beraten und eine gemeinsame Taktik entwickeln. Die Spielenden dürfen allerdings nicht über ihre persönliche Vorgabe reden oder anderweitig versuchen, sich ihre Vorgaben mitzuteilen (das gegenseitige Zeigen der Karten ist auch verboten).
- Sobald die erste Person losgeht, um sich aufzustellen, stoppt die Spielleitung die Zeit und die Spielenden dürfen nicht mehr miteinander sprechen.

Sobald alle die Regeln verstanden haben, verteilt die Spielleitung an alle Personen verdeckt eine Karte mit den möglichen Eigenheiten und Schrullen (z. B. „Du stehst genau zwischen zwei Männern"). Sobald alle ihre Vorgabe haben, beginnt das Spiel.

Haben alle Personen innerhalb von 40 Sekunden einen Platz gefunden, der ihren Vorstellungen entspricht, zeigen sie der Spielleitung die Karte mit ihrer Vorgabe. Ist alles korrekt, macht die Spielleitung ein Foto und bittet die Gruppe zu einem Austausch über die verschiedenen Strategien während des Spiels.

Scheitert die Gruppe, weil eine der Vorgaben nicht erfüllt werden konnte oder die Zeitvorgabe überschritten wurde, müssen alle wieder zurück und erneut beginnen. Die Karten mit den Vorgaben werden vor jedem Durchgang von der Spielleitung eingesammelt, gemischt und wieder neu verteilt, so dass die Gruppe immer wieder neu überlegen muss.

Vorgaben für die Familienfoto-Aufstellung:

1. Du stehst in der ersten Reihe
2. Du stehst in der hintersten Reihe
3. Du stehst hinter einem Mann
4. Du stehst hinter einer Frau
5. Du hast nur auf deiner linken Seite jemanden neben dir stehen
6. Du hast nur auf deiner rechten Seite jemanden neben dir stehen
7. Du hast auf beiden Seiten jeweils mindestens zwei Personen stehen
8. Du stehst genau zwischen einem Mann und einer Frau
9. Du stehst genau zwischen zwei Männern
10. Du stehst genau zwischen zwei Frauen

Kommentar:
Die hier abgebildete Auflistung an Vorgaben geht von einer möglichst ausgeglichenen Verteilung an Männern und Frauen bzw. Jungen und Mädchen aus. Sollte die Verteilung nicht ausgeglichen sein, müssen die Vorgaben entsprechend angepasst bzw. gestrichen werden.

Bei mehr als zehn Personen können einzelne Vorgaben problemlos mehrmals auftauchen. Die Karten 1 – 4 sind relativ einfach zu erfüllen und eignen sich gut zum Duplizieren. Die Karten 7 – 10 sind aufgrund ihrer Konkretheit deutlich schwieriger zu erfüllen und sollten nicht zu oft in einem Spiel vorkommen.

Einige Vorgaben sind so gewählt, dass die jeweiligen Personen sich relativ früh positionieren können, andere sind so konkret, dass man erst einmal abwarten muss, wie sich die anderen positionieren. Durch die Neuverteilung der Vorgaben nach jedem gescheiterten Durchgang bekommen die Spielenden immer mehr Wissen über die Bandbreite der möglichen Vorgaben und können sich dementsprechend verhalten.

Neben dem thematischen Fokus auf die Eigenheiten der Gruppenmitglieder und deren gegenseitige Abhängigkeiten ist dieses Spiel wunderbar geeignet, um ungewöhnliche und zuweilen recht abstruse Gruppenfotos zu machen.

Hand und Fuß

Ort:
Raum, Wiese

Dauer:
10 - 20 Minuten

Gruppe:
Für Gruppen von 8 - 24 Personen

Hilfsmittel:
20 - 30 kleinere Karten aus festerem Papier (z. B. Bierdeckel, Spielkarten o.ä.), 30 Karten mit Vorgaben an die Gruppe

Vorbereitung:
Karten mit Vorgaben vorbereiten, Spielkarten bereitlegen

Spielbeschreibung:
Bei diesem Spiel geht es darum, als Gruppe so viele Spielkarten wie möglich zwischen vorgegebenen Körperteilen zu fixieren, ohne dass eine der Karten dabei auf den Boden fällt.

Das Spiel startet mit zwei Personen und einer Spielkarte. Mit jeder Spielkarte kommt eine weitere Person dazu. Dies geht so lange, bis alle aktiv in das Spielgeschehen einbezogen sind. Nun ist es egal, welche zwei Spielenden die vorgelesene Aufgabe umsetzen und die Gruppe kann frei entscheiden, welche zwei die nächste Spielkarte halten. Dies geht solange, bis eine Spielkarte auf den Boden fällt oder die Gruppe nicht mehr in der Lage ist, eine weitere Spielkarte aufzunehmen und festzuklemmen.

Für das Festklemmen der Spielkarten gelten folgende Regeln:

- Eine Spielkarte muss immer von zwei Personen festgeklemmt werden und darf nicht von einer Person alleine gehalten werden.
- Ist eine Spielkarte einmal festgeklemmt, darf sie nicht mehr anderweitig berührt werden.
- Die Vorgaben zum Festklemmen der Spielkarten werden von der Spielleitung vorgelesen. Die Reihenfolge der Vorgaben ist zufällig und wird durch das Mischen der Karten festgelegt.

Nach dem ersten Durchgang wird die Aufgabe wiederholt und die Gruppe soll im Vorfeld festlegen, wie viele Spielkarten sie innerhalb eines Durchganges festhalten kann.

Vorgaben für das Festklemmen der Spielkarten:

1. Rechte Hand an rechtes Knie
2. Linkes Ohr an rechtes Knie
3. Rechter Ellenbogen an Nase
4. Linke Hand an rechten Fuß
5. Rechte Hand an linken Fuß
6. Linke Schulter an linkes Knie
7. Rechter Fuß an rechtes Knie
8. Linke Hand an rechtes Ohr
9. Rechte Hand an rechten Fuß
10. Rechte Hand an linken Fuß
11. Linkes Knie an linke Hand
12. Linke Hand an linken Ellenbogen
13. Linken Fuß an linken Fuß
14. Rechten Ellenbogen an rechtes Knie
15. Linken Fuß an rechtes Knie
16. Rechten Fuß an linkes Knie
17. Linkes Knie an linkes Ohr
18. Rechte Schulter an linken Ellenbogen
19. Rechte Hand an linkes Ohr
20. Rechtes Ohr an linke Schulter
21. Rechtes Ohr an rechte Schulter
22. Linker Ellenbogen an linke Schulter
23. Rechter Ellenbogen an rechte Schulter
24. Linkes Ohr an rechtes Ohr
25. Rechter Fuß an linkes Knie
26. Linker Ellenbogen an rechte Schulter
27. Rechter Ellenbogen an linke Schulter
28. Linkes Ohr an rechte Schulter
29. Rechtes Ohr an linke Schulter

Konferenz

Ort:
Raum mit mehreren Tischen

Dauer:
10 – 20 Minuten

Gruppe:
Für Gruppen von 6 – 16 Personen

Hilfsmittel:
mehrere Tische, Stühle, 20 – 30 Schnüre, Kreppklebeband, Redestab, Blätter, Stifte, mehrere Behälter mit verschiedenen Hülsenfrüchten (Erbsen, Linsen, Bohnen, etc.)

Spielbeschreibung:
Alle Spielenden sind hochrangige Manager oder Managerinnen eines Topunternehmens und treffen sich zu ihrer wöchentlichen Konferenz. Die heutige Konferenz ist auf 15 Minuten angesetzt und die zentrale Aufgabe des Treffens besteht darin, herauszufinden, wie viele Schnüre sich an bzw. zwischen den Tischen befinden. Ohne die Schnüre zu berühren oder deren Lage zu verändern, müssen die Manager*innen sich auf eine konkrete Zahl an Schnüren einigen und die entsprechende Anzahl auf eine Moderationskarte schreiben. Während dieser 15 Minuten darf niemand aufstehen.

Neben diesem Gesprächsthema haben einige Konferenzteilnehmenden aber noch weitere wichtige Aufgaben, die nicht warten können und die aufgrund des enormen Zeitdruckes in der Firma zeitgleich während der Konferenz bearbeitet werden müssen.

Diese weiteren Aufgaben stehen auf Moderationskarten, die vor Beginn der Konferenz von der Spielleitung verdeckt auf den Stühlen verteilt wurden. Die Aufgaben dürfen nicht getauscht oder weitergegeben werden und müssen alle innerhalb der 15 Minuten erledigt sein. Während der Konferenz dürfen die Aufgaben aber von den Spielenden innerhalb der bestehenden Moderationsregeln benannt werden und sie dürfen um Unterstützung bitten.

Es handelt sich dabei um folgende Aufgaben:

1. Sortiere alle Linsen aus dem Behälter mit den Hülsenfrüchten.
2. Sortiere alle Bohnen aus dem Behälter mit den Hülsenfrüchten.
3. Falte 10 Papierflieger. Diese müssen mindestens fünf Meter weit fliegen können.
4. Falte für alle Spielenden einen Papierhut und verteile die Hüte an alle, damit sie ihn aufsetzen können.

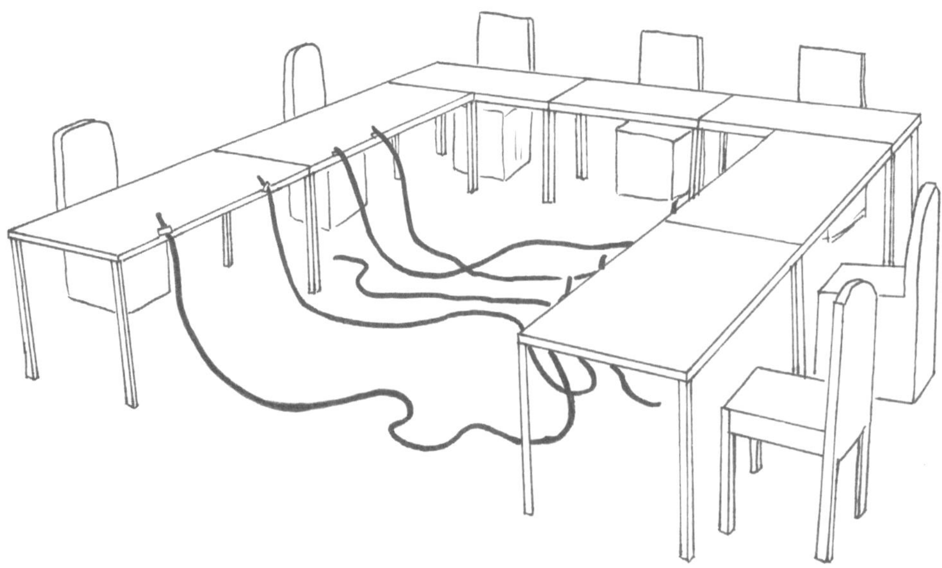

5. Erstelle eine Liste mit allen Körperlängen und Schuhgrößen der Spielenden.
6. Erstelle eine Liste mit allen Geburtsdaten und Geburtsorten der Spielenden.
7. Schreibe ein Gedicht mit doppelt so vielen Zeilen wie Spielenden, in dem jeder Name mindestens einmal vorkommt.
8. Überleg dir einen Namen für euer Unternehmen, den 90 Prozent aller anwesenden Manager*innen richtig gut finden.
9. Erstelle eine Liste mit den Namen von mindestens 20 Hauptstädten außerhalb Europas.
10. Schreibe einen Satz, in dem alle Buchstaben des Alphabets mindestens einmal vorkommen.

In der Firma wurden vor einiger Zeit von einer Unternehmensberatung bestimmte Moderationsregeln eingeführt, die zu mehr Effizienz und einer größeren Arbeitszufriedenheit führen sollen. Die Firmenleitung (Spielleitung) achtet penibel darauf, dass diese von allen Manager*innen eingehalten werden. Natürlich gelten sie auch für die anstehende Konferenz:

- Nur die Person mit dem Redestab darf laut sprechen. Alle anderen dürfen sich nur flüsternd mit den Personen austauschen, die direkt neben ihnen sitzen.
- Spricht die Person mit dem Redestab eine andere Person direkt an, darf diese nur nonverbal antworten.
- Um alle Spielenden angemessen zu Wort kommen zu lassen, wird der Redestab alle 60 Sekunden im Uhrzeigersinn weitergegeben.

Nach Ablauf der 15 Minuten (bzw. 16 Minuten bei 16 Spielenden) endet die Konferenz und die Spielleitung kontrolliert, ob die angegebene Zahl der Schnüre korrekt ist und alle weiteren Aufgaben ordnungsgemäß erfüllt wurden.

Kommentar:
Durch Spielaufbau und Setting eignet sich diese Aufgabe besonders gut, um die Besprechungskultur einer Gruppe zu thematisieren. Was ist uns bei unseren gemeinsamen Treffen wichtig? Welche Aufgaben hat die Moderation? Wie sollen Themen besprochen und Aufgaben umgesetzt werden?

Aufgrund der Tatsache, dass nicht alle Schnurenden an den Tischinnenkanten befestigt sind, sondern auch lose am Boden liegen und alle Spielenden nur die gegenüberliegende Seite des Bodens sehen, müssen alle an der Lösung der gemeinsamen Aufgabe beteiligt werden. Bei den Einzelaufgaben handelt es sich bewusst um eine Mischung aus Fleißaufgaben, Wissensabfragen, Sammeln von Gruppeninformationen, kreativen Tätigkeiten und Geschicklichkeitsaufgaben. Zudem sind einige der Aufgaben so formuliert, dass man sie nicht alleine schaffen kann, sondern auf die Hilfe der Anderen angewiesen ist.

Vorbereitung:
Die Tische zu einem großen Kreis oder einem U stellen. Die Spielenden sollen von ihrem Stuhl aus den gegenüberliegenden Tisch und den Boden davor sehen können. Einen Großteil der Enden der Schnüre so mit dem Kreppklebeband an den innenliegenden Tischkanten festkleben, dass diese ein paar Zentimeter oberhalb der Kante zu sehen sind. Einige der Schnurenden auf dem Boden liegen lassen.

Karten mit Aufgaben vorbereiten und mit dem dazu benötigen Material auf den einzelnen Stühlen verteilen.

Längs und quer

Ort:
großer Raum

Dauer:
30 – 45 Minuten

Gruppe:
Für Gruppen von 8 – 18 Personen

Hilfsmittel:
Seilstücke als Markierungslinien, längliche Bauklötze (z. B. Kappla-Steine), Buchstaben-Plättchen (z. B. Scrabble), 40 Zehn-Cent-Münzen, 10 Quizfragen mit mehreren Antwortmöglichkeiten, 4 Tischtennisbälle, 8 Becher mit Wasser, Packung Erbsen, vier Flaschen

Spielbeschreibung:
In der Mitte des Versammlungsraumes ist ein Quadrat mit einer Seitenlänge von ca. drei Metern auf dem Boden markiert. Aufgabe der Gruppe ist es, mit Bauklötzen innerhalb des Quadrates einen Turm zu errichten, der mindestens einen Meter hoch ist. Vor Beginn des Spieles werden vier gleich große Gruppen gebildet, die sich auf die vier Seiten des Quadrates verteilen.

Das Spiel ist in zwei sich immer abwechselnde Phasen unterteilt, eine Aufgabenphase und eine Bauphase. Das Spiel beginnt mit einer Aufgabenphase und endet mit einer Bauphase. Insgesamt gibt es fünf Aufgaben.

Die Aufgabenphase
In dieser Phase bekommen die vier Kleingruppen immer eine andere Aufgabe, die sie zu bewältigen haben. Für jede Aufgabe stehen den Gruppen 3 – 5 Minuten zur Verfügung. Die Kleingruppen spielen alle gleichzeitig und bekommen im Anschluss je nach ihrem Ergebnis von der Spielleitung Bauklötze übergeben, die sie verbauen müssen.

Die Aufgaben sollten so ausgewählt sein, dass alle vier Gruppen gleichzeitig im gleichen Raum aktiv sind und sehen können, was die anderen Gruppen machen.

Nach jeder Aufgabe bekommt die Gruppe mit dem besten Ergebnis zusätzlich zu den Bauklötzen zur Belohnung einen kleinen Pokal überreicht und einen 30-sekündigen Applaus der anderen drei Kleingruppen.

> **Vorbereitung:**
> Mit Seilstücken ein Quadrat von ca. 3 x 3 Metern markieren, an allen vier Seiten des Quadrates Bauklötze bereitlegen, Material für die einzelnen Aufgaben vorbereiten.

Die Bauphase

Nach jeder Aufgabe folgt eine Bauphase. Dabei gelten folgende Regeln:

- Die vier Gruppen müssen alle Bauklötze verbauen, die sie in der Aufgabenphase zuvor gewonnen haben.
- Die vier Gruppen dürfen ihre Bauklötze während des gesamten Spiels nur in einer bestimmten Ausrichtung verbauen. Zwei Gruppen müssen ihre Bauklötze immer längs legen und die anderen beiden Gruppen dürfen ihre Bauklötze nur quer verbauen.
- Auf jeder Ebene des Turmes dürfen nur maximal drei Bauklötze liegen.
- Pro Gruppe darf sich immer nur eine Person innerhalb des Quadrates aufhalten und Bauklötze verbauen.
- Absprachen mit den anderen Kleingruppen sind nur innerhalb des Quadrates erlaubt, d.h. alle Personen außerhalb des Quadrates dürfen keinerlei Anmerkungen, Tipps oder Ratschläge bezüglich des Baus von sich geben.

Stürzt der Turm während der Bauphase ganz oder teilweise ein, werden die gefallenen Bauklötze aus dem Spiel genommen und die Gruppe baut an den verbliebenen Bauklötzen weiter bzw. muss bei einem Totaleinsturz mit neuen Bauklötzen einen neuen Turm anfangen.

Aufgaben für die Aufgabenphase

Scrabble

Jedes Team bekommt die gleiche Anzahl an Buchstaben und hat zwei Minuten Zeit, mit diesen Buchstaben Wörter zu bilden. Pro Wort gibt es einen Bauklotz. Gelingt es der Gruppe, aus den gefundenen Wörtern einen Satz zu bilden, gibt es fünf Bauklötze zusätzlich.

Material: pro Team 10 Buchstaben-Plättchen

Münzen werfen

Jedes Team bekommt 10 Zehn-Cent-Münzen und zwei Minuten Zeit, diese von einer drei Meter entfernten Linie aus so zu werfen, dass sie so nah wie möglich an der der Wand liegen bleiben. Pro Münze, die weniger als zehn Zentimeter von der Wand entfernt liegt, bekommt das Team einen Bauklotz.

Material: 40 Zehn-Centmünzen

>>

Quiz

Die Spielleitung stellt allen vier Gruppen insgesamt zehn Multiple Choice-Fragen. Die Gruppen schreiben ihre Antworten auf. Nach der letzten Frage werden die richtigen Antworten bekannt gegeben. Das Team mit den meisten richtigen Antworten gewinnt und bekommt fünf Bauklötze. Das zweitbeste Team bekommt drei Klötze, das dritte zwei Klötze und das vierte Team einen.

Material: 10 Quizfragen mit mehreren Antwortmöglichkeiten

Becher-Hopping

Ein Tischtennis-Ball muss von einem mit Wasser gefüllten Becher in den nächsten gepustet werden und wieder zurück. Die Spielenden müssen sich nach jedem Pusten abwechseln. Das Team mit den meisten Ballwechseln gewinnt und bekommt fünf Bauklötze. Das zweitbeste Team bekommt drei Klötze, das dritte zwei Klötze und das vierte Team einen.

Material: 4 Tischtennisbälle, 8 Becher, die dreiviertelvoll mit Wasser gefüllt sind

Flaschen füllen

Die Spielenden sollen innerhalb von einer Minute so viele Erbsen wie möglich in eine Flasche fallen lassen, die vor ihnen auf den Boden steht. Sie dürfen sich dabei nicht bücken oder in die Knie gehen. Die Personen müssen sich nach jeder Erbse abwechseln. Pro Erbse in der Flasche bekommt das Team einen Bauklotz.

Material: Packung Erbsen, vier Flaschen

Kommentar:

Der Reiz dieser Aufgabe besteht in dem Spannungsfeld aus Kooperation und Wettbewerb. Da jedes Team seine Bauklötze nur in einer bestimmten Richtung legen darf, ist die Gruppe darauf angewiesen, dass alle Teams möglichst gleich viele Bauklötze verbauen können. Ansonsten wird der Turm schnell instabil und droht einzustürzen. Durch die besondere Anerkennung der Leistung der einzelnen Teams nach jeder Aufgabe gibt es darüber hinaus einen Anreiz, besser sein zu wollen als die anderen – unabhängig davon, ob dies für das Gesamtergebnis förderlich ist oder nicht.

In der Reflexion kann darauf eingegangen werden, wie die einzelnen Personen diesen möglichen Widerspruch wahrgenommen und für sich gelöst haben.

Meeting-Point

Spielbeschreibung:
Die Spielenden stehen außerhalb der Tische und sollen sich im Inneren der Tischgruppe zu einem Meeting versammeln. Um dorthin zu gelangen, müssen sie folgende Regeln beachten:

- Die Tischformation darf nicht verändert werden.
- Alle Personen müssen über die Tische in die Mitte gelangen. Niemand darf unter den Tischen hindurchkriechen.
- Die Tische dürfen nicht berührt werden. Dies gilt während des gesamten Spiels und für die ganze Gruppe und nicht nur für die Personen, die gerade versuchen, den Tisch zu überqueren.
- Geschah die Berührung während einer Überquerung, muss die Person, die den Tisch berührt hat, den Versuch abbrechen.
- Darüber hinaus bekommt bei jeder Berührung eine Person entweder die Arme oder die Beine zusammengebunden.
- Diese Konsequenz muss allerdings nicht unbedingt die Person betreffen, die die Berührung verursacht hat, sondern kann auch von jemand anderem aus der Gruppe übernommen werden. Die Person darf selbst entscheiden, ob sie lieber die Arme oder die Beine verbunden bekommt.
- Jede Person darf nur einmal verbunden werden. Haben alle Spielenden entweder die Arme oder die Beine verbunden, gilt die Aufgabe als gescheitert.
- Als Hilfsmittel dürfen nur die vorhandenen Stühle genutzt werden.

Ort:
Raum, Wiese

Dauer:
15 – 30 Minuten

Gruppe:
Für Gruppen von 6 – 16 Personen

Hilfsmittel:
3 – 4 Stühle,
4 – 6 stabile Tische

Vorbereitung:
Die Tische zu einer Art Kreis oder Viereck stellen, so dass in der Mitte genügend Platz bleibt, damit die Gruppe dort bequem stehen kann. Die Stühle von außen an die Tische stellen.

Mega-Pass

Ort:
Raum, Wiese

Dauer:
20 – 30 Minuten

Gruppe:
Für Gruppen von 8 – 24 Personen

Hilfsmittel:
4 Seile als Markierungslinien, jeweils 30 Bauklötze in zwei verschiedenen Farben, 4 Eimer

Vorbereitung:
Die Seile zu einem Quadrat von ca. 5 x 5 Metern auslegen. An allen vier Ecken jeweils einen Eimer positionieren. Die Bauklötze nach Farben sortieren und alle gleichfarbigen in einen Eimer legen. Zwei Eimer bleiben leer.

Spielbeschreibung:
Vor der Gruppe ist mit Seilen ein Quadrat von etwa 5 x 5 Metern auf dem Boden ausgelegt. An allen vier Ecken steht ein Behälter. Zwei der Behälter sind mit gleichfarbigen Bauklötzen gefüllt (z. B. ein Behälter mit roten Bauklötzen und ein Behälter mit grünen Bauklötzen). Die anderen beiden Behälter sind leer.

Die Aufgabe der Gruppe besteht darin, innerhalb von 90 Sekunden so viele Bauklötze von dem Startbehälter mit den roten Steinen in einen der beiden leeren Zielbehälter und von dem Startbehälter mit den grünen Steinen in den anderen Zielbehälter zu befördern. Die Zuordnung der Zielbehälter können die Spielenden selbst festlegen. Für jeden grünen und roten Bauklotz in den Zielbehältern bekommt die Gruppe einen Punkt (ein Punkt pro Farbenpaar).

Für die Weitergabe der Bauklötze gelten folgende Regeln:

- Auf jeder Seite des Quadrates muss mindestens eine Person stehen.
- Die zu Beginn gewählten Positionen der Spielenden dürfen während einer Runde nicht gewechselt werden.
- Jede Person muss jeden Bauklotz auf dessen Weg von seinem Start- in den Zielbehälter einmal werfen bzw. fangen.
- Die Bauklötze müssen jedes Mal das Innere des Rechteckes überqueren (eine Weitergabe zur Rechten oder zur Linken ist nicht erlaubt).
- Die 90 Sekunden starten, sobald eine Person den ersten Bauklotz aus einem der Startbehälter nimmt.
- Fällt ein Bauklotz in das Innere des Rechteckes, bleibt er bis zum Ende der Runde dort liegen. Fällt er außerhalb des Rechteckes auf den Boden, kann die Gruppe ihn aufheben und zurück in den Startbehälter legen.

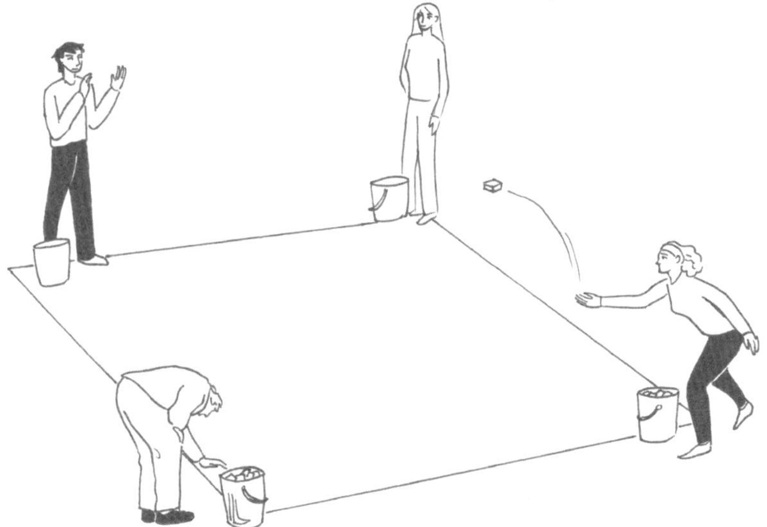

Noppenbau Consulting GmbH

Spielbeschreibung:
Die weltweit agierende Noppenbau Consulting GmbH hat den Auftrag erhalten, in Kingston, der Hauptstadt Jamaikas, eine moderne Fußgängerbrücke zu bauen. Um die Kosten möglichst niedrig zu halten, hat das Unternehmen entschieden, die Brücke nicht vor Ort zu bauen, sondern in einer ihrer Fertigungsstätten und sie dann später vor Ort nur noch aufzustellen.

Für die erfolgreiche Ausführung des Auftrags ist es unabdingbar, dass die Personen aus dem Planungsteam, aus dem Materiallager und das Konstruktionsteam gut miteinander kommunizieren und alle ihnen zur Verfügung stehenden Möglichkeiten optimal ausnutzen.

Zunächst müssen sich diese drei Teams jedoch erst einmal finden und in ihre jeweiligen Räume begeben. Dort erfahren sie von der Spielleitung alle weiteren Vorgaben für ihre jeweilige Aufgabe.
Für die Erfüllung der Aufgabe stehen der Gruppe insgesamt 25 Minuten zur Verfügung. Nach Ablauf der Zeit versammeln sich alle im Raum des Planungsteams und kontrollieren, inwieweit die konstruierte Brücke passt und alle Vorgaben erfolgreich umgesetzt werden konnten.

Wenn alle die Regeln verstanden haben, beginnt das eigentliche Spiel.

Planungsteam
Das Planungsteam besteht aus einem Drittel der Spielenden und befindet sich allein in einem Raum. Vor ihm liegen eine unbebaute Lego-Straßenplatte und zwei Lego-Figuren. Alle drei Minuten erhält das Planungsteam von der Spielleitung Karten mit Vorgaben, die die zu bauende Brücke erfüllen soll. Diese lauten wie folgt (entsprechend der Reihenfolge der Vorgaben):

1. Die Brücke muss mindestens sechs Steine hoch sein, damit ein kleines Lego-Auto bequem darunter durchfahren kann.
2. Die Brücke selbst soll exakt der Breite der Straßenplatte entsprechen und die beiden Aufgänge dürfen nicht über die Legoplatte hinausragen.
3. Mindestens ein Pfosten der Brücke soll in den Landesfarben von Jamaika gestaltet werden (grün, gelb, schwarz)
4. Die Brücke muss so gebaut werden, dass zwei Legofiguren nebeneinander darauf gehen können.
5. Die Brücke soll auf beiden Seiten ein Geländer haben.

Das Planungsteam darf Nachrichten an das Materiallager-Team und an das Konstruktions-Team schicken. Die Übergabe der Nachrichten erfolgt durch die Spielleitung. Alle Spielenden bleiben während des gesamten Spiels in ihren Räumen.

Ort:
drei Räume

Dauer:
40 - 50 Minuten

Gruppe:
Für Gruppen von 6 - 12 Personen

Hilfsmittel:
Eine größere Auswahl an Legosteinen und -platten, eine Lego-Straßenplatte, zwei Lego-Figuren, Blätter, Stifte

Vorbereitung:
In einen der drei Räume die Lego-Straßenplatte und die beiden Lego-Figuren legen, eine größere Auswahl an Legosteinen in den zweiten Raum stellen. Zusätzlich in alle drei Räume mehrere Blätter und Stifte zum Schreiben von Nachrichten bereitlegen.

>>

Materiallager-Team

Ein weiteres Drittel der Spielenden befindet sich im zentralen Materiallager in einem Nebenraum. Hier befinden sich auch die gesamten Legosteine. Die Spielenden haben die Aufgabe, im Auftrag des Planungsteams Legosteine an das Konstruktionsteam zu schicken. Dabei müssen sie folgende Rahmenbedingungen beachten:

- Pro Lieferung dürfen maximal 70 Noppen auf einmal verschickt werden (entscheidend ist die Anzahl der Noppen auf der Oberseite der einzelnen Legosteine- diese werden zusammengerechnet).
- Der Abstand zwischen den einzelnen Lieferungen beträgt mindestens 90 Sekunden.

Das Materiallager-Team darf Nachrichten an das Planungsteam schicken. Die Übergabe der Nachrichten und der Lego-Lieferungen erfolgt durch die Spielleitung. Alle Spielenden bleiben während des gesamten Spiels in ihren Räumen.

Konstruktionsteam

Das letzte Drittel bildet das Konstruktionsteam und sitzt in einem dritten Raum. Es soll nach den Vorgaben und den Legosteinen aus dem zentralen Materiallager die Brücke zusammenbauen.

Das Konstruktionsteam darf Nachrichten an das Planungsteam schicken. Die Übergabe der Nachrichten erfolgt durch die Spielleitung. Alle Spielenden bleiben während des gesamten Spiels in ihren Räumen.

Kommentar:

Aufgrund der Vielzahl an Aufgaben (Zeit stoppen, Nachrichten übermitteln, Einhaltung der Regeln kontrollieren) ist es ratsam, dieses Spiel zu zweit oder zu dritt anzuleiten oder eine Person aus der Gruppe zum Beobachten und Assistieren zu benennen. Sie kann der Spielleitung bei der Übergabe der Nachrichten und Lego-Lieferungen helfen und der Gruppe anschließend ein Feedback von außen geben.

Nudeltransporter

Spielbeschreibung:
Zu Beginn des Spiels bekommen alle Spielenden eine kurze Schwimmnudel. Mithilfe dieser Schwimmnudel sollen sie so viele Bälle wie möglich über einen Parcours befördern, der aus drei Teilabschnitten besteht. In jedem Teilabschnitt gelten andere Regeln für die Nutzung der Schwimmnudeln und beinhalten eine andere Herausforderung für die Gruppe.

Abschnitt A:
Der erste Abschnitt besteht aus einer ca. 10 – 15 Meter langen kurvenreichen Strecke, an deren Start- und Zielpunkt jeweils ein Eimer steht. Die Spielenden sollen möglichst alle Bälle von dem einen Eimer in den anderen befördern.

Für den Transport gilt:

- Die Spielenden dürfen die Bälle nur mit den beiden Enden ihrer Schwimmnudeln berühren.
- Solange eine Person einen Ball hält, muss sie auf der Stelle stehen bleiben und darf sich nur um die eigene Achse drehen.
- Körperkontakt zu den Bällen oder Berührungen mit den Längsseiten der Schwimmnudeln sind verboten.
- Fällt ein Ball auf den Boden, wird er von der Spielleitung aus dem Spiel genommen.

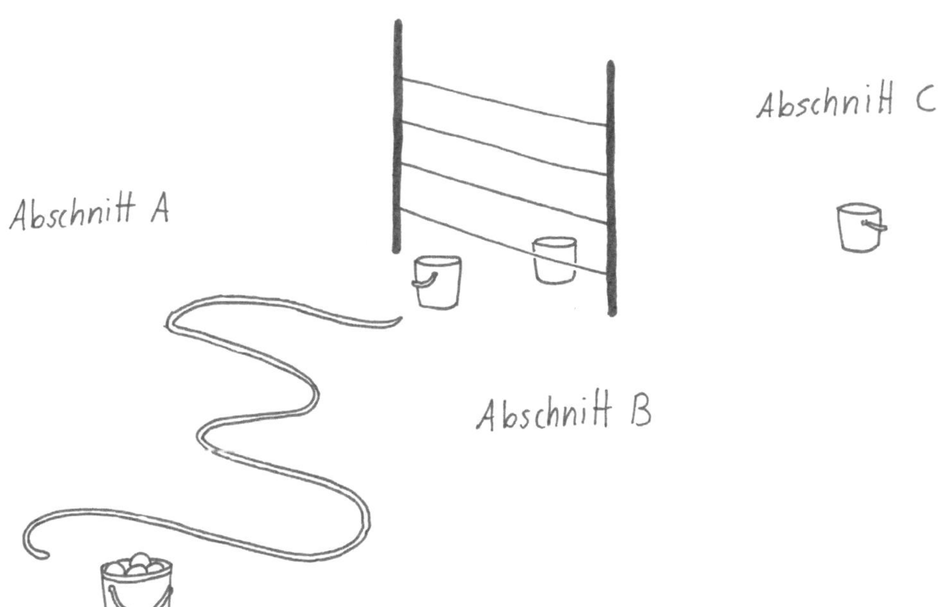

Ort:
Wiese mit der Möglichkeit, mehrere Schnüre zwischen zwei Pfosten oder Bäumen zu spannen

Dauer:
30 – 40 Minuten

Gruppe:
Für Gruppen von 6 – 24 Personen

Hilfsmittel:
Pro Person eine kurze Schwimmnudel, ein 10 – 15 Meter langes Seil, 15 – 20 Bälle in unterschiedlicher Größe (Golfball bis Wasserball), 4 Eimer oder Behälter für die Bälle, 4 kurze Seile

Vorbereitung:
Die Spielfläche in drei Abschnitte aufteilen. Für den ersten und den dritten Abschnitt reicht eine größere freie Fläche. Für den zweiten Abschnitt bedarf es der Möglichkeit, mehrere Seile übereinander zu spannen.

>>

Im Abschnitt A mit einem 10 - 15 Meter langen Seil eine kurvenreiche Strecke auslegen. An beiden Enden des Seiles einen Eimer aufstellen. In den ersten Eimer die Bälle reinlegen.

Im Abschnitt B zwischen zwei Pfosten vier Seile in einem Abstand von ca. 40 cm übereinander spannen. Vor dem Hindernis steht der zweite Eimer von Abschnitt A. Hinter den Seilen einen weiteren Eimer aufstellen.

Im Abschnitt C im Abstand von 10 - 15 Metern zu Abschnitt B einen weiteren leeren Eimer positionieren.

Abschnitt B:
Dieser Teilbereich beinhaltet ein Hindernis, durch das die Bälle mithilfe der Schwimmnudeln bugsiert werden müssen. Das Hindernis besteht aus vier Seilen, die zwischen zwei Pfosten oder Bäumen übereinander gespannt sind. Der Zieleimer aus Abschnitt A steht in unmittelbarer Entfernung zu den Seilen. Auf der anderen Seite der Schnüre steht ein weiterer Eimer bereit.

Für die Überwindung des Hindernisses gelten folgende Regeln:
- Die Bälle müssen aus dem Eimer herausgeholt und dann von unten nach oben durch die Seile geführt werden, bevor sie in den Zieleimer gelegt werden.
- Dabei müssen die Bälle im Slalom um die vier Schnüre von ganz unten bis ganz nach oben durch das Hindernis befördert werden.
- Die Bälle dürfen nur mit einem Ende der Schwimmnudeln berührt werden.
- Körperkontakt oder Berührungen mit den Längsseiten der Schwimmnudeln sind verboten.
- Fällt ein Ball auf den Boden, wird er von der Spielleitung aus dem Spiel genommen.
- Zum Start darf der Ball von einer Person mit der Hand aus dem Eimer genommen und auf Höhe der untersten Schnur losgelassen werden.

Abschnitt C:
Der letzte Abschnitt besteht aus einer möglichst geraden, 10 - 15 Meter langen Strecke, die direkt an das Hindernis anschließt und an deren Ende wieder ein Eimer steht.

Für den Transport gilt:
- Die Spielenden dürfen die Bälle ausschließlich mit den Längsseiten der Schwimmnudeln berühren.
- Solange eine Person bzw. deren Poolnudel Kontakt zu einem Ball hat, muss sie auf der Stelle stehen bleiben.
- Körperkontakt oder Berührungen mit den Enden der Poolnudeln sind verboten.
- Fällt ein Ball auf den Boden, wird er von der Spielleitung aus dem Spiel genommen.
- Zum Start darf der Ball von einer Person mit der Hand aus dem Eimer genommen und auf die Schwimmnudeln gelegt werden.

Die Besonderheiten zur Nutzung der Schwimmnudeln in den drei Abschnitten im Überblick:
1. Abschnitt: Berührung der Bälle nur mit beiden Enden der Schwimmnudeln
2. Abschnitt: Berührung der Bälle nur mit einem Ende der Schwimmnudeln
3. Abschnitt: Berührung der Bälle nur mit den Längsseiten der Schwimmnudeln

Nachdem die Spielleitung alle drei Abschnitte und deren Besonderheiten erläutert hat, beginnt eine fünf- bis zehnminütige Planungsphase. In dieser Phase sollen sich die Spielenden in drei Kleingruppen aufteilen und jeweils zu einem der drei Abschnitte einen Plan entwickeln. In dieser Phase dürfen sie auch verschiedene Möglichkeiten ausprobieren und mit den Schwimmnudeln und Bällen herumexperimentieren.

Während der Durchführungsphase sind die Spielenden der drei Planungsgruppen dann für ihren Abschnitt verantwortlich und haben die Aufgabe, die Gruppe in dieser Zeit anzuleiten. Wie sie dies tun, ist der Gruppe und den einzelnen Personen überlassen und kann in der anschließenden Reflexion besprochen werden.

Variante:
Neben den Schwimmnudeln kann die Spielleitung der Gruppe noch einen Rettungseimer zur Verfügung stellen. Damit können fallende Bälle aufgefangen und wieder zum Startpunkt des Teilabschnitts gebracht werden. Dadurch sinkt die Gefahr, dass die Gruppe schon im ersten Abschnitt einen großen Teil der Bälle verliert.

Kommentar:
Die Aufgabe eignet sich besonders gut, um mit Gruppen zu den Themenbereichen „Sorgfalt bei der Planung", „Übernahme von Verantwortung", „Unterschiede in den Führungsstilen" oder „Kommunikation allgemein" zu arbeiten.

Nudelzielwurf

Ort:
Raum, Wiese

Dauer:
10 - 30 Minuten

Gruppe:
Für Gruppen von 6 - 16 Personen

Hilfsmittel:
2 Markierungsseile, pro Person 1 kurze Schwimmnudel, 1 großer Behälter (z. B. Gartenbag), 10 - 20 Gegenstände als Hindernisse (z. B. Stühle, Eimer o.ä.)

Spielbeschreibung:
Ziel des Spieles ist es, die Schwimmnudeln von der Kreislinie aus in den Behälter zu werfen. Dazu bekommt jede Person eine Schwimmnudel und hat einen Wurfversuch. Sobald mindestens eine Schwimmnudel in dem Behälter landet, hat die Gruppe das Spiel gewonnen. Der eigentliche Schwierigkeitsgrad dieser Aufgabe ergibt sich aus verschiedenen Auflagen und Handicaps, die von der Spielleitung im Vorfeld festgelegt werden.

Variante A:
Alle Spielenden bekommen die Augen verbunden und müssen von der Kreislinie aus blind werfen.

Variante B:
Alle Spielenden bekommen die Augen verbunden und müssen an der Markierungslinie starten. Sobald eine Person ein Hindernis berührt, gilt ihr Versuch als gescheitert. Der Rest der Gruppe darf die Personen innerhalb der Spielfläche mit Kommandos unterstützen.

Variante C:
Die Spielenden bilden Paare. Eine Person bekommt die Augen verbunden und trägt die Person mit der Schwimmnudel huckepack. Die Paare starten an der Markierungslinie und haben maximal 30 Sekunden Zeit, um zur Kreislinie zu kommen, die Schwimmnudel zu werfen und wieder hinter die Markierungslinie zu kommen. Der Rest der Gruppe darf die Personen innerhalb der Spielfläche mit Kommandos unterstützen.

Variante D:
Die Gruppe bildet eine Art ferngesteuerten Raumgleiter. Dazu stellen sich zwei Personen mit den Gesichtern zueinander auf und halten sich an den Händen. Beide Personen haben die Augen verbunden. Die Person mit der Schwimmnudel setzt sich auf die Arme der beiden und wird durch den Parcours getragen. Zwei weitere Personen stellen sich mit dem Rücken zu den beiden tragenden Personen auf. Sie sind die Antriebsdüsen und haben die Aufgabe, die Tragenden und die Person mit der Schwimmnudel nach vorne zu schieben. Ihr Blick geht dabei nur nach hinten. Aufgrund der Raketengeräusche ist die Kommunikation nur nonverbal möglich, d.h. keine der beteiligten Personen darf etwas sagen. Die Navigation des Raumgleiters erfolgt durch Gesten von Personen hinter der Markierungslinie an die beiden schiebenden Personen (Antriebsdüsen). Aufgrund der eingeschränkten Sicht dürfen bei dieser Variante auch mehrere Spielende auf der gegenüberliegenden Seite des Kreises stehen und den Personen hinter der Markierungslinie Zeichen geben, in welche Richtung sie den Raumgleiter navigieren sollen. Auch bei dieser Variante gibt es ein Zeitlimit von maximal 90 Sekunden pro Flug (inkl. Rückflug).

Kommentar:
Aufgrund der vielseitigen Variationsmöglichkeiten eignet sich dieses Spiel besonders gut als Abschlussspiel in einer Spielekette. Falls die Gruppe bereits einen intensiven Gruppenprozess durchlaufen hat, kann das letzte Spiel recht einfach gehalten werden. Sind die Spielenden dagegen noch voller Tatendrang und bereit für eine größere Herausforderung, ist auch dies möglich.

Vorbereitung:
Mit einem der beiden Seile einen Kreis mit einem Durchmesser von ca. 6 bis 7 Metern auslegen. In der Mitte des Kreises den Behälter aufstellen. Mit dem zweiten Seil eine Markierungslinie in ca. 8 bis 10 Metern Entfernung zu der Kreislinie auslegen. Innerhalb der Fläche zwischen Markierungslinie und Kreis mehrere Gegenstände als Hindernisse platzieren.

Pangramm

Ort:
Raum, Wiese

Dauer:
10–20 Minuten

Gruppe:
Für Gruppen von 8–26 Personen

Hilfsmittel:
Karten mit allen Buchstaben des Alphabets

Vorbereitung:
Buchstaben-Karten vorbereiten

Spielbeschreibung:
Die Spielleitung schreibt alle Buchstaben des Alphabets auf einzelne Karten und verteilt diese innerhalb der Gruppe. Die Spielenden haben nun die Aufgabe, so schnell wie möglich einen Satz fehlerfrei zu buchstabieren (inklusive Satz- und Leerzeichen).

Dabei gelten folgende Regeln:

- Jede Person darf nur den oder die Buchstaben sagen, die auf ihren Karten stehen.
- Satz- und Leerzeichen dürfen von allen Spielenden genannt werden.
- Mit Ausnahme der Buchstaben sowie der Satz- und Leerzeichen dürfen die Spielenden während des zu buchstabierenden Satzes nicht miteinander sprechen.
- Die Karten mit den Buchstaben dürfen nicht gegenseitig gezeigt werden.

Variante A:
Die Gruppe buchstabiert jedes Mal den gleichen Satz. Nach jedem Durchgang werden die Karten mit den Buchstaben eingesammelt und neu verteilt.

Variante B:
Die Spielenden behalten ihre Buchstaben-Karten und müssen in jedem Durchgang einen neuen Satz buchstabieren. Bei der Auswahl der Sätze sollte die Spielleitung darauf achten, dass die Anzahl der Buchstaben in etwa gleich ist.

Variante C:
Die Gruppe bekommt jedes Mal einen längeren Satz, den sie buchstabieren soll.

Die Gruppe absolviert mehrere Durchgänge. Nach jedem erfolgreichen Durchgang besteht die Herausforderung darin, die benötigte Zeit vom letzten Durchgang zu unterbieten.

Zum Buchstabieren eignen sich besonders gut Pangramme.

Dies sind Sätze, die alle Buchstaben des Alphabets beinhalten:

- *Sylvia wagt quick den Jux bei Pforzheim.*
  (33 Buchstaben)
- *Prall vom Whisky flog Quax den Jet zu Bruch.*
  (35 Buchstaben)
- *Zwoelf laxe Typen qualmen verdaechtig suesse Objekte.*
  (46 Buchstaben)
- *Ueben von Xylophon und Querfloete ist ja zweckmaessig.*
  (46 Buchstaben)
- *Typograf Jakob zuernt schweissgequaelt vom oeden Text.*
  (47 Buchstaben)
- *Typisch fiese Kater wuerden Voegel bloss zum Jux quaelen.*
  (48 Buchstaben)
- *Jeder wackere Bayer vertilgt bequem zwo Pfund Kalbshaxen.*
  (49 Buchstaben)
- *Franz jagt im komplett verwahrlosten Taxi quer durch Bayern.*
  (51 Buchstaben)
- *Falsches Ueben von Xylophonmusik quaelt jeden groeßeren Zwerg.*
  (51 Buchstaben)
- *Zwoelf Boxkaempfer jagen Eva quer ueber den grossen Sylter Deich.*
  (55 Buchstaben)
- *Bei jedem klugen Wort von Sokrates rief Xanthippe zynisch: Quatsch!*
  (56 Buchstaben)
- *Vom Oedipuskomplex masslos gequaelt, uebt Wilfried zyklisches Jodeln.*
  (60 Buchstaben)
- *Stanleys Expeditionszug quer durch Afrika wird von jedermann bewundert.*
  (62 Buchstaben)

Platzangst

Ort:
Raum, Wiese

Dauer:
5 - 10 Minuten

Gruppe:
Für Gruppen von 6 - 12 Personen

Hilfsmittel:
ein Fahrradschlauch, langes Seil, Zollstock

Vorbereitung:
Keine

Spielbeschreibung:
Alle Spielenden stellen sich gemeinsam in das Innere eines Fahrradschlauches und ziehen diesen auf Knie- bzw. Hüfthöhe (je nachdem, was die Gruppe als angenehmer empfindet).

Die Gruppe soll nun den Kreis nach und nach vergrößern und dabei so genau wie möglich abschätzen, wie viel Spannung der Fahrradschlauch wohl aushalten kann, bevor er reißt. Die Differenz zwischen geschätztem Maximalumfang und tatsächlichem Maximalumfang sollte höchstens 50 cm betragen. Um dies entsprechend nachmessen zu können, legt die Spielleitung zusätzlich ein Seil um die Gruppe und achtet darauf, dass es nirgendwo durchhängt. Bei jeder Vergrößerung des Kreisumfanges gibt sie entsprechend Seil nach.

Sobald die Gruppe der Meinung ist, dass der Fahrradschlauch kurz vor dem Reißen steht, gibt sie der Spielleitung ein Zeichen. Die Spielleitung hält nun die Stelle des Seiles, an der das Seil einen geschlossenen Kreis gebildet hat, mit einer Hand fest und gibt weiter Seil nach, sobald der Kreis größer wird. Dies geschieht so lange, bis der Fahrradschlauch tatsächlich reißt. Die Spielleitung markiert nun die aktuelle Seillänge mit der anderen Hand und misst den Abstand der beiden Seilmarkierungen (das gespannte Seilstück zwischen den beiden Händen) mit einem Zollstock.

Kommentar:
In einen 28 Zoll-Fahrradschlauch passen locker 10 - 12 Personen und er kann von diesen zu einem Kreis von über zwei Metern Durchmesser gespannt werden. Wenn der Fahrradschlauch reißt, löst er sich immer nach außen von der Gruppe weg und ist somit für alle Teilnehmenden innerhalb des Kreises völlig ungefährlich. Alle Personen außerhalb des Kreises sollten darauf achten, dass sie entweder relativ dicht am Kreis stehen (so wie die Spielleitung) oder etliche Meter Abstand halten, da ansonsten die Gefahr besteht, von einem herumfliegenden Ende des Fahrradschlauchs getroffen zu werden.

Reifengraben

Spielbeschreibung:
Eine Gruppe von Astronaut*innen ist auf dem Mars gelandet und möchte auf ihrem Weg zur geplanten Basisstation eine Schlucht überqueren, die etwa zehn Meter breit ist (zwei Markierungslinien auf dem Boden zeigen die Ränder der Schlucht an). Klettern oder Springen ist aufgrund der Raumfahrtanzüge unmöglich, aber zum Glück hat die Gruppe mobile Energieschilde dabei (Gymnastikreifen), die ihr bei der Überquerung helfen können. Diese Energieschilde sind unterschiedlich stark aufgeladen, so dass sie nur eine bestimmte Anzahl an Füßen tragen können. Zum Glück hat die Bodenstation dies im Vorfeld bemerkt und die Schilde entsprechend markiert (an jedem Gymnastikreifen ist eine Moderationskarte mit einer Zahl von 1 – 5 festgetackert).

Da der Einsatz dieser hoch technologisierten Energieschilde nicht ganz einfach ist, haben die Astronaut*innen Fälle wie diesen im Rahmen ihrer Ausbildung für diese Mission schon hundertfach erprobt.

Ort:
Raum, Wiese

Dauer:
20 – 30 Minuten

Gruppe:
Für Gruppen von 8 – 24 Personen

Hilfsmittel:
zwei Seile als Markierungslinien, 4 – 12 Gymnastikreifen, Moderationskarten, Tacker, Stift

>>

Vorbereitung:
Mit zwei Seilen eine ca. 10 Meter lange Strecke auslegen. Zahlen auf Moderationskarten schreiben und an den Gymnastikreifen festtackern.

Zur Sicherheit wiederholt die Bodenstation die Sicherheitsanweisungen aber noch einmal für alle:

- Der Boden zwischen den beiden Markierungslinien darf nur innerhalb der Gymnastikreifen berührt werden.
- Sobald ein Reifen auf den Boden gelegt wird, muss dieser sofort mit der vorgegebenen Anzahl an Füßen betreten werden – es dürfen zu keiner Zeit mehr oder weniger Füße innerhalb des Reifens den Boden berühren.
- Die Nutzung der Gymnastikreifen darf niemals unterbrochen werden, d.h. es ist nicht möglich, dass die Spielenden untereinander Plätze tauschen.
- Reifen, die nicht genutzt werden und keinerlei Kontakt zu einer Person haben, schweben fort und stehen der Gruppe nicht weiter zur Verfügung.
- Sind alle Gymnastikreifen im Einsatz, kann die Gruppe einzelne Reifen räumen, aufheben und an anderer Stelle wieder neu verwenden.
- Dazu müssen alle auf dem Boden stehenden Füße gleichzeitig hochgehoben und der Reifen in die Hand genommen werden.
- Die vorgegebenen Nummern beziehen sich nur auf die Bodenkontakte. Wie viele Personen darüber hinaus von anderen Spielenden getragen oder gehalten werden, spielt keine Rolle.

Kommentar:
Die Zahlen an den Gymnastikreifen sollten so verteilt sein, dass der Großteil der Reifen mit einer 2, 3 oder 4 ausgestattet ist und die Zahlen 1 und 5 nur vereinzelt vorkommen. Insgesamt werden so viele Reifen benötigt, dass die Summe der verwendeten Zahlen doppelt so hoch ist wie die Anzahl der Spielenden (Beispiel: Bei einer 12-köpfigen Gruppe insgesamt sechs Reifen mit Platz für 24 Füße und einer Aufteilung wie folgt: 1, 2, 2, 3, 3, 4, 4, 5).

Die Länge der Strecke sollte so bemessen sein, dass die Gruppe einige Gymnastikreifen auf jeden Fall mehrmals einsetzen muss und es nicht ausreicht, alle Reifen einmal hintereinander auszulegen. Bei größeren Gruppen kann die Entfernung daher auch mehr als zehn Meter betragen.

Dieses Spiel ist eine Weiterentwicklung des Klassikers „Die Flussüberquerung". Durch die Ergänzung der Zahlen an den Gymnastikreifen entsteht eine sehr komplexe Aufgabenstellung, die ein hohes Maß an Koordination verlangt und alle Spielenden gleichsam fordert. Da die Spielleitung kaum bei allen Reifen auf die Einhaltung der Regeln achten kann, bedarf es entweder eines gewissen Maßes an Selbstkontrolle und Disziplin innerhalb der Gruppe oder mehrerer Leitenden, die aufpassen.

Rolling Stones

Spielbeschreibung:
Die Spielenden arbeiten in einer vollautomatisierten Fertigungsanlage zur Herstellung von hochwertigen Luxuskarosserien und sollen in mehreren Schritten ein bestimmtes Auto zusammenbauen.

Das in Auftrag gegebene Auto soll folgende Kriterien erfüllen:

- Es soll vier Räder, ein Dach und eine Windschutzscheibe haben.
- Es soll Platz für mindestens zwei sitzende Legofiguren bieten.
- Es soll mindestens zwei Türen haben.
- Es soll bestimmte Farben beinhalten (je nach vorhandener Auswahl an Legosteinen).
- Es soll besonders formschön sein und ein echter Hingucker werden.
- Es dürfen insgesamt nur 30 Teile verbaut werden (die beiden Legofiguren sind nicht Bestandteil der 30 Teile).

Die größte Schwierigkeit bei der Herstellung besteht in der Auswahl der 30 Legoteile. Diese müssen innerhalb von zwei Durchgängen von der Gruppe von einem Fließband herausgesucht werden. Während der Arbeit am Fließband dürfen die Spielenden miteinander reden, aber müssen aus Sicherheitsgründen blickdichte Augenbinden tragen.

Ort:
Raum

Dauer:
10 – 20 Minuten

Gruppe:
Für Gruppen von 6 – 12 Personen

Hilfsmittel:
eine größere Auswahl an Legosteinen (inkl. Figuren, Platten, Rädern und Türen), zwei Kisten, mehrere Tische, ein 8 – 10 Meter langes Tuch oder alternativ eine Rolle Packpapier oder Tapete, pro Person eine Augenbinde

>>

Vorbereitung:
Die Tische längs aneinanderstellen (Länge ca. 4 – 5 Meter). Das Tuch bzw. das Packpapier ca. vier Meter ausrollen und auf eine Seite des Tisches legen. An diesem Ende des Fließbandes eine Kiste mit Legosteinen bereitstellen und am gegenüberliegenden Ende eine leere Kiste auf den Boden stellen.

Vor dem ersten Durchgang dürfen alle Personen 30 Sekunden lang in die Kiste mit Legosteinen schauen und gegebenenfalls darin herumwühlen. Nach einer kurzen Beratung verteilen sich dann alle Spielenden an beiden Seiten des Fließbandes und setzen ihre Augenbinden auf. Während die Spielleitung an der Seite mit der leeren Kiste das Tuch/ Packpapier langsam zu sich zieht, schüttet eine andere Person auf der anderen Seite (entweder eine Person aus der Gruppe oder eine zweite Spielleitung) nach und nach die Legosteine auf das Band. Die Spielenden dürfen nun insgesamt maximal zwanzig Legosteine vom Band nehmen und neben sich auf den Tisch legen. Der Durchgang endet, sobald die Gruppe zwanzig Legoteile herausgesucht hat oder alle Legoteile einmal über das Band gelaufen und in die leere Kiste gefallen sind.

Anschließend dürfen alle ihre Auswahl an Legoteilen begutachten und Teile, die sie nicht nutzen möchten, zurück in die Kiste legen. (Beispiel: Die Gruppe hat 20 Teile ausgesucht und bei fünf davon denkt sie, dass sie diese doch nicht braucht. Dann kommen die zurück in die Kiste und die Gruppe darf sich im nächsten Durchgang 15 Teile raussuchen).

Es dürfen aber noch keine Teile zusammengebaut werden. Wenn die Gruppe sich ausgiebig beraten hat, verteilen sich wieder alle auf beiden Seiten des Tisches und setzen die Augenbinden auf.

Nun werden die verbliebenen Legoteile aus der Kiste ein zweites Mal nach und nach auf das Band gelegt und langsam an den Händen der Spielenden vorbeigezogen. Der Durchgang endet, wenn die Gruppe insgesamt 30 Legoteile zusammen hat (also die final ausgewählten/nicht zurückgelegten Teile aus der ersten Runde plus die Teile aus der zweiten Runde, so dass insgesamt 30 Teile ausgewählt sind).

Nach dem zweiten Durchgang beginnt die abschließende Fertigungsphase. Die Spielenden setzen ihre 30 ausgewählten Legoteile unter Beachtung der Vorgaben zu einem schicken Auto zusammen und bewerten das gemeinsame Werk.

Seilgewirr

Spielbeschreibung:
Die Gruppe verteilt sich um das auf dem Boden liegende Seilgewirr. Auf ein Signal der Spielleitung greifen alle das Seil mit beiden Händen. Wichtig ist dabei, dass die Spielenden das Seil mit beiden Händen an einer Stelle festhalten und nicht mit rechts und links verschiedene Seilstücke greifen.

Die Aufgabe besteht nun darin, das Seil vollständig zu entwirren, ohne dabei das eigene Seilstück mit den Händen loszulassen. Am Ende sollen alle Personen in einem großen Kreis stehen und das Seil darf keinerlei Knoten oder Schlaufen aufweisen.

Ort:
Raum, Wiese

Dauer:
15 - 30 Minuten

Gruppe:
Für Gruppen von 6 - 16 Personen

Hilfsmittel:
ein langes Kletterseil

Vorbereitung:
Das Seil entwirren und an beiden Enden zusammenknoten. Anschließend das Seil auf den Boden legen und die verschiedenen Seilstücke mehrmals umeinanderschlingen, so dass ein großes Seilgewirr entsteht.

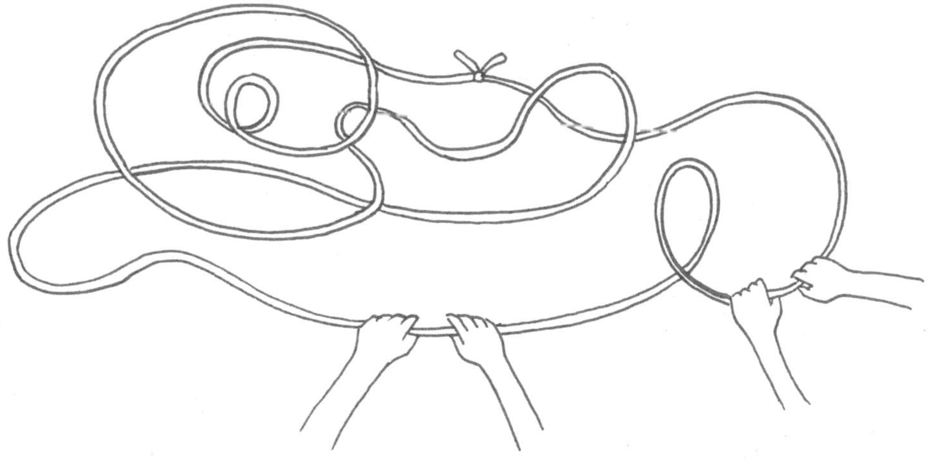

Snake

Ort:
Raum, Wiese

Dauer:
10–20 Minuten

Gruppe:
Für Gruppen von 6–16 Personen

Hilfsmittel:
Seile als Markierungslinien, pro Person eine Augenbinde, 4–6 Teppichfliesen, Moderationskarten

Spielbeschreibung:
Die Spielenden versammeln sich vor einem 4 x 4 Meter großen Rechteck, das aus Seilen auf dem Boden ausgelegt ist und in dem mehrere Teppichfliesen und Moderationskarten verteilt liegen. Eine Teppichfliese liegt auf dem Rand des Rechtecks und stellt den Ein- und Ausgang dar. Die Spielleitung verteilt an alle Personen Augenbinden und erklärt die Aufgabe. Ähnlich wie bei dem Handyspiel „Snake" müssen die Spielenden in einer Schlangenformation mit verbundenen Augen kreuz und quer durch das Rechteck laufen, ohne dabei eine der ausliegenden Teppichfliesen zu berühren.

Zu Beginn des Spiels setzt sich die erste Person die Augenbinde auf und startet alleine. Sobald sie das Feld betritt, postiert die Spielleitung eine weitere Person auf eine der ausliegenden Moderationskarten innerhalb des Spielfeldes und bittet sie, die Augenbinde aufzusetzen und nicht mehr zu sprechen. Wenn die erste Person die zweite gefunden hat, hält sie diese von hinten an der Schulter und die beiden gehen gemeinsam weiter (die erste Position wechselt immer durch). Nun kommt die dritte Person ins Spiel und wird von der Spielleitung schweigend auf eine Moderationskarte innerhalb des Rechtecks postiert usw., bis nur noch eine Person außen steht und den Rest der Gruppe durch das Spielfeld zur Ausgangsfliese navigiert. Diese Person bleibt bis zum Schluss draußen und wird nicht Teil der Schlange.

Berührt eine der Personen während des Spiels eine der Teppichfliesen oder spricht, während sie innerhalb des Feldes steht und darauf wartet, gefunden zu werden, kommen mehrere Möglichkeiten als Konsequenz in Betracht. Sie werden der Gruppe im Vorfeld von der Spielleitung mitgeteilt:

- Die Gruppe bekommt einen Minuspunkt bzw. 15 Sekunden Zeitabzug.
- Jeder Fehltritt wird laut gezählt. Spätestens beim dritten Fehler gilt der Versuch als gescheitert und die Gruppe muss neu beginnen.
- Die Person, die eine Fliese berührt hat, verlässt die Schlange und wird von der Spielleitung später neu im Spielfeld postiert.

Nach einer ersten Testphase ohne Zeitlimit hat die Gruppe Zeit, sich zu besprechen und eine Strategie zu entwickeln. Anschließend stehen der Gruppe insgesamt drei Minuten Zeit zur Verfügung, um die Aufgabe erneut zu absolvieren.

Kommentar:
Die ausliegenden Moderationskarten helfen der Spielleitung dabei, die einzelnen Personen während eines Durchgangs möglichst zügig ins Spiel zu bringen, da sie nur auf die entsprechende Karte zeigen muss. Zusätzlich verhindern sie, dass innerhalb der Gruppe der Eindruck entsteht, die Spielleitung agiere völlig willkürlich und positioniere die Spielenden immer besonders günstig bzw. ungünstig für die Gruppe.

Vorbereitung:
Mit den Seilen ein ca. 4 x 4 Meter großes Rechteck auslegen. Mehrere Teppichfliesen im Innern der Fläche verteilen und eine Fliese auf den Rand des Rechtecks legen. Zusätzlich mehrere Moderationskarten auf dem Boden auslegen (Anzahl der Spielenden minus 2).

Stockballett

Ort:
Raum, Wiese

Dauer:
10 – 20 Minuten

Gruppe:
Für Gruppen von 8 – 24 Personen

Hilfsmittel:
pro Person ein Stock (ca. 1 Meter lang) oder eine kurze Schwimmnudel

Vorbereitung:
Keine

Spielbeschreibung:
Die Spielenden stehen im Kreis und halten ihre Arme seitlich ausgestreckt, die Handinnenflächen zeigen zur Seite. Dann bekommen alle einen Stock und sollen diesen mit den Händen zwischen sich und den neben ihnen Stehenden festklemmen. Die Stöcke dürfen dabei lediglich von den Handballen berührt bzw. gedrückt und nicht mit den Fingern gehalten werden.

Dann bittet die Spielleitung die Gruppe in einem ersten Schritt, sich so eng wie möglich aufzustellen, ohne dass dabei einer der Stöcke zu Boden fällt. Hat die Gruppe dies geschafft, soll sie anschließend einen möglichst großen Kreis bilden.

Danach stellen sich alle wieder in einen möglichst angenehmen Abstand zueinander auf und die Spielleitung erklärt die nächste Aufgabe: Die Spielenden sollen ihre Aufstellung so verändern, dass alle Beteiligten am Ende mit den Gesichtern nach außen stehen (statt wie zu Beginn mit den Gesichtern Richtung Kreismitte), und zwar ohne dass dabei eine Person einen Stock loslässt oder die Arme über Kreuz hält. Geschieht dies dennoch oder fällt einer der Stöcke auf den Boden, ist der Versuch gescheitert und die Gruppe muss neu beginnen.

Nachdem dies geschafft ist, kommt der schwierigste Teil des Stockballetts. Die Spielenden stellen sich zunächst wieder mit dem Gesicht nach Innen in einen Kreis und fixieren die Stöcke zwischen sich. Nun sollen sich wieder alle mit dem Gesicht nach außen drehen, ohne dass dabei ein Stock auf den Boden fällt oder jemand die Arme über Kreuz hält. Zusätzlich darf dieses Mal aber jeder Zwischenraum zwischen zwei Personen nur von jeweils einer Person durchquert werden.

Taschenrechner

Spielbeschreibung:
Zu Beginn des Spiels bittet die Spielleitung alle Teilnehmenden, sich drei beliebige Münzen aus dem eigenen Portemonnaie (oder der Münzsammlung der Spielleitung) in die linke Hosentasche zu stecken und sich anschließend in einem großen Kreis zu versammeln (entweder um einen Tisch stellen oder auf den Boden hocken).

Wenn alle so weit sind, nehmen alle Spielenden eine ihrer Münzen verdeckt in die Hand, legen sie auf ein Kommando in die Mitte des Kreises und ermitteln so schnell wie möglich die Gesamtsumme. Die Spielleitung stoppt die Zeit, bis das richtige Ergebnis feststeht. Bevor es losgeht, können sich die Spielenden beraten, wie sie dabei vorgehen möchten.

Wenn das Ergebnis feststeht und die Spielleitung der Gruppe die benötigte Zeit mitgeteilt hat, kann die Gruppe sich kurz austauschen, ob die eigene Strategie aufgegangen ist und an welchen Punkten es noch Verbesserungspotenzial gibt. Denn nun soll die Gruppe in einer zweiten Runde ihr Ergebnis verbessern und die richtige Gesamtsumme schneller herausfinden als zuvor. Dafür nehmen alle ihre Münze wieder an sich, stecken diese in die andere Hosentasche und nehmen die zweite Münze in die Hand.

In der dritten und letzten Runde geht es darum, sich im Vergleich zur zweiten Runde noch einmal zu steigern und die Leistung der Gruppe ein weiteres Mal zu optimieren.

Kommentar:
Damit die Gruppe bei jedem Versuch ihr Bestes gibt, ist es wichtig, erst im Anschluss an den jeweiligen Durchgang zu sagen, dass es nun darum geht, sich zu verbessern. Ansonsten kann es passieren, dass Gruppen taktisch agieren und z. B. beim ersten Versuch bewusst langsam rechnen.

Ort:
Raum, Wiese

Dauer:
10 – 20 Minuten

Gruppe:
Für Gruppen von 6 – 16 Personen

Hilfsmittel:
pro Person 3 Münzen (Cent oder Euro ist egal), evtl. großer Tisch

Vorbereitung:
Keine

Treibjagd mit Hindernissen

Ort:
großer Raum, Wiese

Dauer:
20 – 30 Minuten

Gruppe:
Für Gruppen von 6 – 16 Personen

Hilfsmittel:
10 durchnummerierte Pylonen oder andere Markierungspunkte, eine Markierungslinie, ein Zielpunkt, pro Person ein farbig markierter Stock (ein Drittel der Stöcke soll rot markiert sein, ein Drittel gelb und ein Drittel grün), ein Gummihuhn, ein Ball, eine Stoppuhr

Spielbeschreibung:
In einer ersten Testphase befördern alle Spielenden mit den Stöcken das Huhn und den Ball so schnell wie möglich durch den Parcours und berühren mit dem Huhn und dem Ball die einzelnen Markierungspunkte – beginnend mit der Eins, dann zur Zwei usw. Nach dem letzten Markierungspunkt mit der Nummer Zehn müssen die beiden Gegenstände zum Zielpunkt geschlagen werden.

Während dieser Phase des Spiels ist darauf zu achten, dass das Huhn und der Ball lediglich mit den Stöcken berührt werden und dass nach jedem Schlag gewechselt wird (keine Person darf das Huhn oder den Ball direkt zweimal hintereinander schlagen). Zudem dürfen beide Gegenstände nur geschlagen werden, also weder mit mehreren Stöcken eingeklemmt noch anderweitig befördert werden.

Während die Gruppe schnellstmöglich die Aufgabe löst, stoppt die Spielleitung die Zeit.

Nach der Testphase kommt die eigentliche Aufgabe
Die gestoppte Zeit der Testphase wird verdoppelt bzw. verdreifacht (je nach gewünschtem Schwierigkeitsgrad und dem Tempo während der Testphase). Innerhalb dieser Zeitvorgabe soll die Gruppe nun erneut das Huhn und den Ball den Nummern der Markierungspunkte folgend durch den Parcours schlagen.

Zusätzlich zu den bestehenden Regelungen kommen diesmal zwei neue Regeln hinzu:

1. Jede Person darf die beiden Gegenstände (Huhn und Ball) immer nur abwechselnd schlagen, d.h. sobald eine Person einmal das Huhn mit ihrem Stock geschlagen hat, muss sie erst den Ball schlagen, bevor sie wieder das Huhn berühren darf.

2. Huhn und Ball dürfen immer nur in einer bestimmten Reihenfolge der Stockfarbe geschlagen werden, z. B. Rot – Gelb – Grün. Beginnend mit der Farbe Rot darf ein Gegenstand danach nur von einer Person mit einem gelben Stock und anschließend von einer Person mit einem grünen Stock berührt werden. Danach muss wieder eine Person mit einem roten Stock den Gegenstand schlagen usw. Die Stöcke dürfen während des Spiels nicht weitergegeben oder getauscht werden.

Sobald eine dieser Regeln gebrochen wurde, wird der Versuch abgebrochen und die Gruppe bekommt einen neuen Versuch. Dies gilt auch, wenn das vorgegebene Zeitlimit überschritten wurde.

Anmerkung:
Die meisten Gruppen sind zunächst völlig verwirrt, wenn sie die beiden zusätzlichen Regeln hören. Aber mit der Zeit entwickeln die Spielenden ein eigenes System und finden in einen Rhythmus, was die Schlagabfolge betrifft. Da die Einhaltung der Regeln nicht einfach zu kontrollieren ist, eignet sich dieses Spiel nur für Gruppen, die von sich aus motiviert sind, die Aufgabe innerhalb der bestehenden Regeln zu lösen.

Vorbereitung:
Auf einer großen Fläche werden zehn durchnummerierte Markierungspunkte kreuz und quer aufgestellt. Zwischen den jeweils aufeinanderfolgenden Punkten sollten immer mindestens fünf Meter Abstand sein. Zusätzlich gibt es eine Startlinie und einen Zielpunkt. Hinter der Startlinie liegen ein Ball und ein Gummihuhn bereit.

Jeweils ein Drittel der Spielenden bekommt einen rot markierten Stock, ein weiteres Drittel einen gelben Stock und das letzte Drittel einen grünen Stock (die Einteilung muss nur ungefähr passen).

Über sieben Nudeln musst du gehen

Ort:
Raum, Wiese

Dauer:
20 – 30 Minuten

Gruppe:
Für Gruppen von 6 – 16 Personen

Hilfsmittel:
2 Markierungsseile, pro Person eine kurze Schwimmnudel, 20 – 25 Bierdeckel oder Schwimmnudelscheiben

Spielbeschreibung:
Die Spielenden sind Forschungsreisende im Amazonasgebiet. Bislang ist so ziemlich alles schief gegangen, was auf einer Expedition schief gehen konnte; die Gruppe befindet sich erschöpft und desillusioniert auf dem Rückweg in die Zivilisation. Das Einzige, was die Forschenden noch bei sich haben, sind die mittlerweile stumpfen Macheten, die alle zu Beginn bekommen hatten (jede Person bekommt eine kurze Schwimmnudel überreicht).

Zu allem Unglück versperrt eine große Mulde Treibsand den weiteren Weg. In der Mulde liegen vereinzelt ein paar seltene Steinarten (Bierdeckel bzw. Schwimmnudelscheiben). Die Gruppe beschließt, den Treibsand zu überqueren und dabei einige der Steinstücke einzusammeln. Die geborgenen Steine könnten eventuell sogar einen Teil der vorangegangenen Mühen rechtfertigen und die einzelnen Forschenden rehabilitieren. Doch der quälende Hunger und der Verlust aller Wertgegenstände haben sie misstrauisch gemacht – und so möchte niemand seine Machete aus der Hand geben oder jemand anderen einen Stein für sich einsammeln lassen. Aber als eingeschworene Schicksalsgemeinschaft sind alle bereit, sich gegenseitig zu unterstützen und verständigen sich darauf, nur dann weiterzuziehen, wenn alle es geschafft haben, auf die andere Seite zu gelangen.

Daraus ergeben sich folgende Regeln für die Überquerung des Treibsandes und der gleichzeitigen Bergung der Steine:

- Der Boden innerhalb der abgegrenzten Fläche darf von den Spielenden nicht berührt oder betreten werden.
- Als einziges Hilfsmittel und mögliche Trittfläche stehen der Gruppe ihre Macheten (kurze Schwimmnudeln) sowie die auf dem Boden verteilten Bierdeckel bzw. Schwimmnudelscheiben zur Verfügung.
- Die Schwimmnudeln dürfen nie aus der Hand gegeben werden. Jede Person muss jederzeit direkten Kontakt zur eigenen Schwimmnudel haben.
- Bei der Überquerung müssen alle einen Bierdeckel/Schwimmnudelscheibe aufheben und auf die andere Seite mitnehmen.

Berührt jemand den Boden, gibt es verschiedene Möglichkeiten (die Spielleitung wählt aus und teilt es der Gruppe vor Beginn der Überquerung mit):

- Sobald eine Person den Boden berührt, muss die ganze Gruppe aus Sicherheitsgründen wieder zurück und von vorne starten.
- Die Gruppe hat mehrere (drei bis fünf) Fehltritte frei. Erst danach müssen alle zurück zum Start.
- Sobald eine Person den Boden berührt, wird der Stein, den sie aufgehoben hat, von der Spielleitung an einer anderen Stelle neu ausgelegt. Hatte jemand noch keinen Stein aufgenommen, muss jemand anders „seinen" Stein abgeben.
- Bei jeder Berührung des Treibsandes kommt es zu einer kurzfristigen Lähmung und die betroffene Person bekommt für den Rest des Spiels die Beine zusammengebunden oder darf einen bestimmten Arm nicht mehr benützen.

Kommentar:
Um die Lebensdauer der Schwimmnudeln zu schonen, empfiehlt es sich, die Spielenden im Vorfeld zu bitten, die Schuhe auszuziehen. Sollte dies nicht möglich oder gewünscht sein, können die Schwimmnudeln aber auch mit Schuhen betreten werden.

Vorbereitung:
Mit den beiden Seilen eine acht bis zehn Meter lange und mindestens drei Meter breite Fläche markieren. Innerhalb dieser Fläche die Bierdeckel/Schwimmnudelscheiben auf den Boden verteilen.

Unter Spannung

Ort:
Raum, Wiese

Dauer:
20–30 Minuten

Gruppe:
Für Gruppen von 6–24 Personen

Hilfsmittel:
2 Seile als Markierungslinien, 18–20 Teppichfliesen, pro Person ein Fahrradschlauch

Spielbeschreibung:
Die Gruppe begibt sich auf eine rheinländische Klettertour und steht am Fuß einer imposanten Felswand (alle versammeln sich vor der Startlinie). Der Fels besteht allerdings größtenteils aus lockerem geröllartigem Gestein und ist nur an bestimmten Stellen fest und sicher (Teppichfliesen). Zur Sicherheit verteilt die Spielleitung deshalb vor Beginn Klettergurte (Fahrradschläuche) an die Anwesenden und bittet diese, eine rheinische Seilschaft zu bilden. Das Besondere an der rheinischen Seilschaft ist ihre Form. Die Beteiligten stehen nämlich nicht in einer Reihe hintereinander, sondern sind kreisförmig miteinander verbunden. Dazu zieht jede Person ihren Fahrradschlauch über den eigenen Oberkörper und den von der Person zu ihrer Linken, so dass am Ende alle Spielenden miteinander verbunden sind und sich mit den jeweils neben ihnen Stehenden zur Rechten und zur Linken einen Fahrradschlauch teilen (ähnlich wie bei einer Fahrradkette).

Neben der ungewöhnlichen Aufstellung hat der rheinische Alpinismus eine weitere Besonderheit, die zu beachten ist. Bei allen rheinischen Klettertouren ist es üblich, dass die Person, die als letztes startet (das Spielfeld betritt), als erstes die Ziellinie überquert. Das bedeutet für die Gruppe, dass sie nicht nur sicher von A nach B kommen muss, sondern sich innerhalb der beiden Linien einmal um 180 Grad drehen muss.

So gesichert kann die Gruppe nun den gefährlichen Aufstieg wagen und versuchen, die etwa zehn Meter lange Fläche zu überqueren.

Für die Überquerung gelten folgende Regeln:
- Alle Spielenden sind durch Fahrradschläuche miteinander verbunden. Die so entstandene Seilschaft darf nicht gelöst oder verändert werden.
- Der Boden im Graben darf nur innerhalb der markierten Flächen (Teppichfliesen) berührt werden.
- Berührt eine Person aus Versehen den Boden, muss die Klettertour aus Sicherheitsgründen abgebrochen werden und die Gruppe von vorne starten.
- Die Person, die als letzte die Startlinie überquert und das Spielfeld betritt, muss als erste die Ziellinie überqueren. Die weitere Reihenfolge ist egal.

Kommentar:
Beim Überziehen der Fahrradschläuche sollte die Spielleitung darauf achten, dass die Ventile nicht direkt am Körper anliegen, da die Schläuche im Laufe des Spiels zum Teil ziemlich stark gespannt werden.

Durch die Fahrradschläuche sind die Spielenden so miteinander verbunden, dass jeder Schritt einer einzelnen Person direkte Auswirkungen auf den Rest der Gruppe hat. Besonders zu Beginn und am Ende der Klettertour muss daher jeder Schritt gut in der Gruppe kommuniziert werden. Durch die Vorgabe, dass die letzte Person als erstes über die Ziellinie gehen muss, wird die Gruppe gezwungen, sich innerhalb des Spielfeldes neu zu sortieren und kann nicht einfach die zu Beginn gefundene Lösung wiederholen.

Vorbereitung:
Zwei Seile im Abstand von ca. acht bis zwölf Metern auf den Boden legen. Sie bilden die Start- und die Ziellinie. Beginnend von der Startlinie die Fliesen folgendermaßen in Reihen auf dem Boden auslegen: Startlinie-1-1-2-3-4-3-2-1-1-Ziellinie. Die Teppichfliesen bilden so die Form eines Karos mit zwei einzelnen Fliesen am Anfang und am Ende. Der Abstand der Fliesen sollte immer nur eine kurze Schrittlänge betragen. Fahrradschläuche vor der Startlinie bereitlegen.

Verrücktes Labyrinth

Ort:
Raum, Wiese

Dauer:
10 - 20 Minuten

Gruppe:
Für Gruppen von 12 - 26 Personen

Hilfsmittel:
16 - 25 Bodenmarkierungen (Teppichfliesen, Pappen o.ä.), 17 - 26 unterschiedliche Wegekärtchen (s. Kommentar), 1 Ball, 2 Sets Memorykarten mit 8 - 12 unterschiedlichen Symbolen

Spielbeschreibung:
Bis auf eine Person verteilen sich alle Spielenden auf den ausgelegten Bodenmarkierungen und werden gebeten, die Wegekarte auf ihrem Feld waagerecht in der Hand zu halten. Die Person neben dem Spielfeld bekommt ebenfalls eine Wegekarte überreicht.

Anschließend bekommt eine beliebige Person aus der Gruppe von der Spielleitung einen kleinen Ball. Aufgabe der Gruppe ist es nun, den Ball so weiterzugeben, dass dieser möglichst schnell zu der Memorykarte gelangt, die von der Spielleitung von dem Stapel neben dem Spielfeld mit dem gleichen Symbol aufgedeckt wird. Sobald dies geschehen ist, deckt die Spielleitung die nächste Karte auf. Dies geht so lange, bis alle Karten des Stapels aufgedeckt sind.

Für die Weitergabe des Balls gelten folgende Regeln:

- Nur der Ball darf weitergegeben werden. Die auf den Bodenmarkierungen ausliegenden Memorykarten dürfen nicht bewegt werden.
- Der Ball darf nur weitergegeben werden, wenn die entsprechende Wegekarte auf der Bodenmarkierung diese Richtung zulässt.
- Spielende und Wegekärtchen bilden eine Einheit. Sollte es weniger Spielende als Felder geben, können einzelne Wegekärtchen auch alleine liegen und bewegt werden.
- Die Wegekärtchen dürfen weder gedreht noch getauscht werden.
- Die Gruppe kann die zusätzliche Person mit Wegekarte außerhalb des Spielfeldes nutzen, um diese von der Seite des Spielfeldes in eine bestimmte Reihe des Rechtecks zu „schieben". Alle Spielenden und Wegekärtchen in dieser Reihe rücken nun ein Feld vor, so dass auf der gegenüberliegenden Seite eine Wegekarte (plus der dazugehörigen Person) aus dem Rechteck geschoben wird.
- Das Verschieben der einzelnen Reihen ist nur in horizontaler und vertikaler Richtung erlaubt.
- Die Reihenfolge der Memorykarten ergibt sich durch den Kartenstapel am Spielfeldrand. Die Spielleitung deckt die oberste Karte auf. Erst wenn die Gruppe es geschafft hat, mit dem Ball zu dem abgebildeten Symbol zu kommen, wird die nächste Karte aufgedeckt.

Die Spielleitung stoppt die Zeit von der ersten bis zur letzten Memorykarte. Anschließend hat die Gruppe die Möglichkeit, sich zu beraten, um in einem neuen Durchgang effektiver zusammenzuarbeiten. Vor jedem Durchgang werden sowohl Wegekarten als auch Memorykarten gemischt und neu verteilt.

Kommentar:
Dieses Spiel ist eine Adaption des bekannten Brettspiels „Das verrückte Labyrinth" als Abenteuerspiel mit Gruppen. Das Regelwerk klingt zunächst recht kompliziert, aber sobald die alle das Spielfeld betreten haben und die Wegekärtchen offen ausliegen, verstehen sie die restlichen Regeln meist sehr schnell.

Der besondere Reiz der Aufgabe besteht in der Unübersichtlichkeit des Wegesystems und der Herausforderung, unter Zeitdruck so miteinander zu kommunizieren, dass alle ihre Ideen und ihr Wissen einbringen können und dennoch schnelle Entscheidungen möglich sind.

Die Verteilung der Wegekärtchen ist abhängig von der Größe der Gruppe und des entsprechenden Spielfeldes:

Bei einem Spielfeld von 4 x 4 Feldern:
7 gerade Wege
3 Abbiegungen rechts
3 Abbiegungen links
4 T-Kreuzungen

Bei einem Spielfeld von 4 x 5 Feldern:
9 gerade Wege
4 Abbiegungen rechts
4 Abbiegungen links
4 T-Kreuzungen

Bei einem Spielfeld von 5 x 5 Feldern:
11 gerade Wege
5 Abbiegungen rechts

5 Abbiegungen links
5 T-Kreuzungen

Vorbereitung:
Die Bodenmarkierungen werden zu einem Quadrat bzw. Rechteck auf dem Boden ausgelegt (je nach Gruppengröße 4 x 4, 4 x 5 oder 5 x 5 Felder). Der Abstand der Bodenmarkierungen beträgt ca. 30 – 40 cm.
Auf jede Bodenmarkierung wird ein Wegekärtchen offen ausgelegt. Ein Wegekärtchen bleibt übrig und wird offen neben das Spielfeld gelegt.

Ein Set der Memorykarten wird möglichst gleichmäßig auf einzelne Bodenmarkierungen verteilt und offen ausgelegt. Das zweite Set liegt als Stapel verdeckt neben dem Spielfeld.

Windei

Ort:
Wiese

Dauer:
20 – 30 Minuten

Gruppe:
Für Gruppen von 4 – 12 Personen

Hilfsmittel:
rohes Ei, Tennisball, Decke oder Plane

Vorbereitung:
Keine

Spielbeschreibung:
Das Spiel besteht aus drei Teilen – einer Übungsphase, einer Testphase und einer Umsetzungsphase.

Übungsphase
In der Übungsphase bekommt die Gruppe einen Tennisball und eine Decke zur Verfügung gestellt. Eine Person nimmt den Tennisball in die eine Hand und berührt mit der anderen Hand leicht die Decke. Der Rest der Gruppe verteilt sich um die Decke und hält diese mit den Händen fest. Wenn alle so weit sind, wird der Tennisball von der einen Person in einem hohen Bogen nach vorne in die Luft geworfen und die anderen Spielenden müssen gemeinsam loslaufen und den Ball mit der Decke fangen. Sie dürfen allerdings erst loslaufen, wenn der Ball geworfen wurde. Wer wirft, bleibt an der Abwurfstelle stehen.

Fängt die Gruppe den Ball mit der Decke, bleibt sie an der Auffangstelle stehen und die Person, die geworfen hat, kommt zu ihr. Fällt der Tennisball auf den Boden, muss die Gruppe zurück.

Testphase

Nachdem alle ein wenig Übung im Fangen und Werfen sammeln konnten, stehen der Gruppe nun insgesamt zehn Würfe von wechselnden Personen (alle dürfen maximal zweimal werfen) zur Verfügung, um eine möglichst weite Strecke zu absolvieren. Nun geht es also nicht mehr nur darum, den Ball aufzufangen, sondern dabei auch möglichst weit zu kommen. Nach jedem gelungenen Auffangversuch mit der Decke rückt die Person, die geworfen hat, zur Gruppe nach. Bei jedem missglückten Versuch muss die Gruppe mit der Decke zurück zur letzten Abwurfstelle.

Umsetzungsphase

Nachdem die Gruppe in der Testphase eine bestimmte Strecke geschafft hat, geht es nun darum, die erreichte Leistung zu wiederholen. Allerdings muss die Gruppe dieses Mal nicht mit einem Tennisball werfen, sondern mit einem rohen Ei.

Kommentar:

Dieses Spiel beinhaltet mehrere spannende Themenbereiche. Zum einen geht es um konkrete Absprachen und eine gute Koordination innerhalb der Gruppe. Zum anderen spielen unterschiedliche Einstellungen zu Ehrgeiz und Risikobereitschaft und die daraus resultierende Diskussion über die gemeinsame Zielfindung eine große Rolle – nicht zuletzt wenn die Spielenden ein rohes Ei werfen und fangen sollen. Denn obwohl es im Grunde nicht schlimm ist, wenn ein Ei einmal auf die Wiese oder Straße fällt und dabei kaputtgeht, empfinden viele eine solche Situation als sehr aufregend und zum Teil sogar stressig.

Wurmloch

Ort:
Raum, Wiese

Dauer:
10–20 Minuten

Gruppe:
Für Gruppen von 6–24 Personen

Hilfsmittel:
Pro Person ein Fahrradschlauch plus ein Schlauch zusätzlich

Vorbereitung:
Keine

Spielbeschreibung:
Alle stehen im Kreis. Jede Person hat an jedem Bein in Höhe der Knie einen Fahrradschlauch und ist durch diesen mit den Spielenden zur Rechten und zur Linken verbunden.

Wenn alle so weit sind, legt die Spielleitung einen zusätzlichen Schlauch in die Mitte des Kreises und fordert die Gruppe auf, durch diesen zusätzlichen Fahrradschlauch durchzusteigen und dabei folgende Regeln zu beachten:

- Der zusätzliche Fahrradschlauch darf von der durchsteigenden Person nicht berührt werden.
- Alle anderen dürfen helfen und sowohl die eigenen als auch den zusätzlichen Schlauch halten und ziehen.
- Die Schläuche, mit denen die Spielenden miteinander verbunden sind, dürfen nicht den Boden berühren.

- Geschieht dies dennoch, bekommen die beiden Betroffenen für den Rest des Spiels eine Augenbinde und dürfen nichts mehr sehen.
- Berührt eine Person beim Durchsteigen den zusätzlichen Fahrradschlauch, muss sie zurück und den Durchstieg erneut beginnen.
- Bei mehr als drei Berührungen insgesamt muss die ganze Gruppe von vorne beginnen.

Variante A
Die Gruppe bekommt zusätzlich ein Zeitlimit. Ihr stehen nur drei Minuten zur Verfügung, um alle Spielenden durch den Fahrradschlauch zu lotsen.

Variante B
Der zusätzliche Fahrradschlauch darf weder von der durchsteigenden Person noch von den anderen Fahrradschläuchen berührt werden. Dafür liegt der zusätzliche Fahrradschlauch zu Beginn der Aufgabe allerdings nicht in der Mitte des Kreises, sondern außerhalb der Gruppe und das Zeitlimit entfällt.

Online-Gruppenspiele

Einführung

Online-Treffen verbinden wahrscheinlich nur wenige Menschen mit schönen Spielerlebnissen. Dabei bieten Videokonferenzen durchaus die Möglichkeit gemeinsam zu spielen und das Gemeinschaftsgefühl zu fördern. Im folgenden werden kurz die Einsatzmöglichkeiten von Gruppenspielen im Rahmen von Online-Treffen skizziert. Anschließend werden die besonderen Umstände von Online-Treffen beschrieben und erläutert, was die Spielleitung beachten sollte, um die Spielfreude innerhalb der Gruppe zu fördern.

Ziele und Einsatzmöglichkeiten

Abwechslung und Vielfalt

Der Einsatz von kleinen Spielen zu Beginn eines Treffens oder nach einer kurzen Pause machen die sonst oft recht eintönigen Videokonferenzen vielfältiger und sorgen für eine angenehme Abwechslung bei den Teilnehmenden.

Zwischen zwei Vorträgen fordert die Leitung die Teilnehmenden zu einer kleinen Raterunde „Was ist das?“ auf. Dafür lässt sie, begleitet von der Titelmusik von Star Wars, mehrere Gegenstände nacheinander wie ein Raumschiff durch das Kamerabild gleiten und die Anwesenden müssen erraten, um was es sich handelt und was man damit machen kann. Die Teilnehmenden schauen gespannt auf den Bildschirm und schreiben ihre Tipps in den Chat. Dieser füllt sich innerhalb von Sekunden und schnell entstehen erste Dialoge über den Chat. Nach mehreren Runden ist die Stimmung merklich gelöster und die Gruppe ist bereit, sich auf den nächsten Vortrag zu konzentrieren.

Kommunikation und Interaktion

Bei Online-Treffen verläuft die Kommunikation oft sehr eingeschränkt und bis auf eine Person haben alle Teilnehmenden ihr Mikro ausgeschaltet. Spielerische Impulse oder Einstiege können die Interaktionen der Teilnehmenden fördern und die Kommunikation der Beteiligten wieder in Schwung bringen.

Zu Beginn eines Online-Treffens innerhalb eines bestehenden Teams lädt die Leitung die Teilnehmenden zu dem Spiel „Jeder Buchstabe ist anders ein“. Kurz nach der Erklärung der Spielregeln schalten mehrere Personen ihre Mikros gleichzeitig an und es entsteht eine äußerst lebhafte Diskussion. Die Teilnehmenden geben sich gegenseitig Tipps, wie die anderen „ihren“ Buchstaben darstellen oder formen können und laufen schnell los, um bestimmte Materialien zu holen. Nach Ablauf der Zeit erstellt die Moderation einen Screenshot mit allen Buchstaben und lädt die Datei als Erinnerung in den gemeinsamen Chat.

Spaß und Bewegung

Online-Treffen sind in der Regel reine Kopfarbeit und der Rest des Körpers wird vernachlässigt. Durch diese einseitige Belastung sind diese Gruppenzusammenkünfte auf Dauer deutlich anstrengender für die Beteiligten und bei vielen stellen sich schon nach kürzerer Zeit Ermüdungserscheinungen ein. Die Teilnehmenden werden unaufmerksamer, reagieren gereizt oder schalten innerlich ab. Nur wenige nutzen die Pausen für körperliche Bewegung, sondern nutzen die Zeit lieber, um andere Dinge am Rechner zu erledigen. Daher kann es sinnvoll sein, die Teilnehmenden im Rahmen von spielerischen Einstiegen oder Spielpausen zu animieren, in Bewegung zu kommen.

Die Teilnehmenden einer Online-Fortbildung sitzen schon mehrere Stunden vor dem Bildschirm. Alle wirken sehr konzentriert und angestrengt. Nach einem längeren Vortrag und einer kurzen Pause lädt die Moderation die Teilnehmenden zu Beginn der nächsten Einheit erst mal zu einem Fangspiel (Freio) ein. Zuerst wirken alle etwas irritiert aber dann lassen sich alle darauf ein. Nach drei Runden ist die Stimmung deutlich gelöster und der Gruppe fällt es viel leichter, sich auf den nächsten Vortrag einzulassen.

Kooperation und Gemeinschaft

Digitale Treffen bringen es mit sich, dass alle Teilnehmenden in der Regel alleine vor dem Bildschirm sitzen. Durch die räumliche Distanz entsteht automatisch ein distanziertes Verhältnis zu den anderen Gruppenmitgliedern und es fällt schwer, eine Art Gemeinschaftsgefühl aufzubauen. Dieses Problem lässt sich auch nicht alleine durch Online-Gruppenspiele lösen, aber gemeinsame Spielerlebnisse können durchaus einen wichtigen Beitrag dazu leisten, dass die Teilnehmenden sich als Gruppe wahrnehmen und erleben.

Im Rahmen eines dreistündigen Online-Spieleworkshops führt die Spielleitung die Teilnehmenden durch eine Spielgeschichte, in der die Teilnehmenden auf der Suche nach einem Piratenschatz sind. Zu Beginn sind alle Teilnehmenden noch sehr verhalten und die Beteiligung ist gering. Aber mit jedem Spiel wird die Gruppe lebendiger. Die Beteiligten fangen an, sich mit ihren Piratennamen anzusprechen, erste „Insiderwitze" entstehen und die Stimmung ist irgendwann so gelöst, dass mehrere Personen im Rahmen einer Spielaufgabe auf dem Tisch stehen und tanzen.

In der Abschlussrunde betonen viele, wie viel Spaß ihnen das gemeinsame Abenteuer gemacht hat und sagen, dass Außenstehende wohl kaum nachvollziehen könnten, was sie eben erlebt und getan haben.

Kennenlernen und Austausch
Bei vielen Online-Treffen wird die Kennenlernphase meist sehr kurz gehalten. Die Namen der Teilnehmenden sind sowieso eingeblendet und somit wird eine Gesprächsrunde oft als unnötig erachtet. Dabei sind viele Kennenlernspiele auch digital problemlos umsetzbar und wunderbar geeignet, um Beziehungen zwischen den Teilnehmenden zu fördern die Beteiligung zu steigern.

Zu Beginn einer Videokonferenz lädt die Moderation die Teilnehmenden zu einer Kennenlernrunde in Kleingruppen ein. Innerhalb dieser Gruppen entsteht schnell ein Gefühl der Vertrautheit und alle beteiligen sich aktiv an dem Gespräch. Auch in der anschließenden Debatte in der ganzen Gruppe beteiligen sich deutlich mehr Personen als sonst und es entsteht eine gute Diskussionsrunde.

Besonderheiten von Online-Treffen

Gruppenspiele im Rahmen von Online-Treffen erfüllen mehrere Funktionen: Sie sorgen für Abwechslung und animieren die Teilnehmenden zum Mitmachen, sie erhöhen die Aufmerksamkeit und fördern den gemeinsamen Spielspaß. Dadurch bereichern sie jede Videokonferenz und fördern das Gemeinschaftsgefühl in der Gruppe. Dennoch sind digitale Gruppentreffen nicht gleichzusetzen mit Treffen in Präsenz und auch der Einsatz von Spielen unterliegt einigen Besonderheiten und Einschränkungen. Bei der Planung von Online-Gruppenspielen sollte sich die Spielleitung folgende Aspekte besonders vergegenwärtigen:

Jede Person sitzt alleine vor dem Bildschirm
Während eines Online-Treffens sitzen alle Teilnehmenden in der Regel alleine vor dem Bildschirm. Daher reicht es in der Regel nicht, ein Spiel kurz vorzustellen und es dann der Gruppe zu übergeben. Bei Online-Spielen muss die Spielleitung das Spielgeschehen viel stärker lenken und die Teilnehmenden zum Mitspielen animieren. In Gesprächsrunden muss sie einzelne Personen explizit ansprechen um deren Meinungen zu hören und andere auffordern, sich dazu zu äußern.

Jede Person hat ein anderes Setting
Im Gegensatz zu einem Treffen in Präsenz hat die Spielleitung kaum Gestaltungsmöglichkeiten in Bezug auf das Setting. Während manche am Schreibtisch sitzen und mit ihrem Rechner eingeloggt sind, hocken andere auf dem Sofa und nutzen ihr Tablet, um an dem Treffen teilzunehmen. Dadurch muss die Spielleitung immer bereit sein zu improvisieren und Spielregeln entsprechend anzupassen.

Bei dem Spiel O.M.A sollen die Spielenden zu einem bestimmten Kommando aufspringen, um ihren Stuhl laufen und sich anschließend wieder setzen. Eine Person, die auf dem Sofa sitzt kann dies nicht ohne weiteres. In einem solchen Fall kann die Spielleitung vorschlagen, dass die Person stattdessen um ihren Bildschirm laufen muss.

Alles dauert länger

In fast jedem Online-Treffen kommt es zu Verzögerungen. Sei es, weil die Technik nicht funktioniert oder Personen vergessen haben, ihr Mikrofon einzuschalten. Einfache Gesprächsrunden ziehen sich gefühlt endlos in die Länge und vor dem Einsatz von Präsentationen oder anderen Medien entstehen oft Unterbrechungen, die sich unangenehm auf die Stimmung auswirken und dazu führen, dass die Treffen als langwierig und zäh empfunden werden. Um diese Effekte zu minimieren ist es sinnvoll, solche Treffen zu zweit anzuleiten und/oder sich im Vorfeld zu überlegen, wie mögliche Verzögerungen überbrückt werden können.

Zu Beginn eines Online-Treffens bittet die Spielleitung die Gruppe um Unterstützung. Sie benötigt eine Person aus der Runde, die im Falle von ungeplanten Pausen die Gruppe mit unnützem Wissen aus dem Internet unterhält. Als es dann bei der Versendung von Dateien zu Verzögerungen kommt und die Spielleitung etwas Zeit benötigt, um das Problem zu lösen, liest ein Gruppenmitglied verschiedene Fakten vor, die es zuvor im Netz unter dem Stichwort „Unnützes Wissen" gefunden hat. Die Gruppe erfährt auf diesem Weg wie viele Minuten ein Mann in Deutschland täglich im Schnitt für Körperhygiene benötigt und dass jeder dritte Deutsche täglich mit seiner Mutter telefoniert. Auf diese Weise entsteht eine rege Unterhaltung innerhalb der Gruppe und die ungewollte Unterbrechung wird zu einer kurzweiligen Pause bevor es mit dem richtigen Programm weitergeht.

Überall lauern Ablenkungen

Im Gegensatz zu einem Treffen in Präsenz haben die Teilnehmenden während eines Online-Treffens jederzeit die Möglichkeit, E-Mails zu checken, Wäsche zu waschen oder ein Fußballspiel zu sehen. Dazu bedarf es meist nur einen Klick und auf den ersten Blick scheint dies auch niemand zu merken. Hinzu kommen Unterbrechungen von außen, wenn z. B. ein Kollege oder Kollegin reinkommt oder die Kinder etwas möchten. Völlig vermeiden lassen sich solche Störungen nicht, aber die Leitung sollte zu Beginn des Treffens Regeln für das Miteinander thematisieren (z. B. alle lassen ihre Kameras eingeschaltet, sobald eine Person eine Pause benötigt, soll sie sich melden).

Der Kontakt kann jederzeit beendet werden
Ein entscheidender Unterschied zu einem Treffen in Präsenz ist die vergleichsweise unverbindliche Teilnahme. Bis kurz vor dem Treffen können die Teilnehmenden noch ganz was anderes machen und sobald es unangenehm oder langweilig wird, ist es jederzeit möglich, das Treffen mit einem Verweis auf eine technische Störung zu verlassen. Dies führt dazu, dass es kaum möglich ist, mit spielerischen Mitteln komplexe und/oder konflikthafte Gruppenprozesse zu initiieren und zu reflektieren. Auch der Aufbau eines Gemeinschaftsgefühls bei einer Gruppe von Menschen, die sich zu Beginn noch völlig fremd sind, kann nur sehr begrenzt gelingen und ist darauf angewiesen, dass alle Teilnehmenden von sich aus ein Interesse daran haben.

Tipps und Tricks für die Durchführung von Online-Gruppenspielen

Die Gegebenheiten bei Online-Treffen machen es wirklich nicht einfach gemeinsame Spielerlebnisse zu gestalten. Aber dennoch ist es möglich! Folgende Regeln helfen dabei, Gruppenspiele in Online-Treffen durchzuführen und auf digitale Weise Spielfreude zu vermitteln.

Teilnahme mit eingeschalteter Kamera
Gemeinsame Spielerlebnisse sind nur möglich, wenn die Teilnehmenden sich als Gruppe erleben und dazu bedarf es zumindest der visuelle Kontakt. Um unnötige Diskussionen zu vermeiden, kann schon im Vorfeld darauf hingewiesen werden, dass alle Teilnehmenden dafür sorgen, dass sie an dem Treffen nur mit eingeschalteter Kamera teilnehmen können.

Mikrofone bleiben angeschaltet
In der Regel sind die Teilnehmenden es gewohnt, ihr Mikro während eines Online-Treffens ausgeschaltet zu haben. Dies geschieht oft aus Höflichkeit, führt aber automatisch zu einer distanzierteren Teilnahme und einer verzögerten Kommunikation. Spielerlebnisse beinhalten dagegen oft Tempo und ein gewisses Chaos. Solange es keine störenden Nebengeräusche gibt, sollten die Mikrofone während der Spielphasen daher angeschaltet bleiben. Die Teilnehmenden kommen dadurch viel schneller ins Gespräch und die Interaktionen wirken lebendiger.

Klare Präsenz der Spielleitung
Im Gegensatz zu analogen Spielen muss die Spielleitung bei Online-Gruppenspielen viel stärker präsent sein und auch während des gesamten Spielverlaufs bleiben. Jeder einzelne Schritt innerhalb eines Spieles muss gegebenenfalls angeleitet werden und evtl. benötigt die Gruppe auch eine Person für die Moderation.

Einfache Spielregeln

Aufgrund der eingeschränkten Kommunikation und der vielen ablenkenden Faktoren sollten die Spiele relativ einfach gestaltet sein. Während z. B. bei analogen Spielformen häufige Rollenwechsel zu mehr Spieldynamik und Spielfreude führen, sorgen sie bei Online-Gruppenspielen eher zu Irritationen und hemmen den Spielfluss. Auch Kooperationsspiele tendieren aufgrund der besonderen Gegebenheiten schnell zu einer Situation der Überforderung innerhalb der Gruppe.

Bewusster Einsatz von Online-Tools

Grundsätzlich gibt es eine Vielzahl von Online-Tools, die zum Spielen einladen und es macht Spaß mit diesen herum zu experimentieren. Für Online-Gruppenspiele besonders geeignet sind z. B. bei „Zoom" die Kommentarfunktion während der Bildschirmfreigabe (darüber können alle Teilnehmenden Dinge auf dem Bildschirm markieren) und der Datenversand über die Chatfunktion. Für Umfragen eignet sich die Seite von *mentimeter* und über das Programm *wonder* können die Teilnehmenden selbständig umhercruisen und sich mit anderen aus der Gruppe zwanglos treffen und miteinander chatten. Doch wenn zu viele verschiedene Funktionen gleichzeitig genutzt werden, kann dies auch zu Verwirrungen führen und jeder Wechsel der Kommunikationsform birgt die Gefahr, dass einzelne Personen an technischen Hürden scheitern. Daher sollte die Spielleitung sich vorab für 1 – 3 Funktionen festlegen und die gewünschten Funktionen im Vorfeld testen, um im Bedarfsfall Gruppenmitgliedern bei Problemen oder Fragen zur Seite stehen zu können.

Feste Pausenzeiten

Online-Treffen sind per se anstrengend für alle Beteiligten. Dies gilt auch für Online-Gruppenspiele. Deshalb empfiehlt sich selbst bei kurzweiligen, spielerischen Online-Treffen feste Pausenzeiten einzuplanen, z. B. pro Stunde Treffen zehn Minuten Pause.

Die Spielfreude steht im Mittelpunkt

Aufgrund der unterschiedlichen Gegebenheiten und Ressourcen, die den Teilnehmenden zur Verfügung stehen, können Spiele mit Wettbewerbscharakter schnell zu einem Gefühl der Ungerechtigkeit führen. Deshalb ist es für die Spielleitung ratsam, schon in der Anleitung darauf hinzuweisen und den gemeinsamen Spielspaß während des Spielgeschehens in den Mittelpunkt zu stellen.

Online-Gruppenspiele

Spaßspiele und Warming Ups

Alles mit T

Spielbeschreibung:
Die Spielleitung teilt die Gruppe in mehrere Kleingruppen von jeweils 3 bis 4 Personen ein und legt für jede Kleingruppe einen Nebenraum (Breakout-Session) an. Dann präsentiert sie der ganzen Gruppe die Aufgabe. Alle Kleingruppen sollen innerhalb von drei Minuten so viele Gegenstände wie möglich finden, die mit dem Buchstaben T beginnen und sich in die Kamera halten lassen.

Dann werden die Nebenräume gestartet und die Spielenden beraten sich in ihren Kleingruppen, was sie alles an passenden Gegenständen beschaffen können. Nach drei Minuten beendet die Spielleitung die Nebenräume und die Kleingruppen können den anderen zeigen, was sie alles gefunden haben. Die Kleingruppe mit den meisten unterschiedlichen Gegenständen gewinnt.

Ort:
Online-Meeting mit der Möglichkeit, dass Kleingruppen sich in Nebenräumen treffen können

Dauer:
5 – 10 Minuten

Gruppe:
Für Gruppen von 4 – 24 Personen

Hilfsmittel:
Keine

Vorbereitung:
Nebenräume für Kleingruppen vorbereiten (Breakout-Sessions anlegen)

Aus dem Eff-Eff-Eff

Ort:
Online-Meeting mit der Möglichkeit, dass sich alle Spielenden gleichzeitig sehen können

Dauer:
5 – 10 Minuten

Gruppe:
Für Gruppen von 4 – 24 Personen

Hilfsmittel:
3 – 4 unterschiedliche Gegenstände

Vorbereitung:
Mehrere unterschiedliche Gegenstände auswählen und neben dem Computer bereitlegen.

Spielbeschreibung:
Alle Spielenden sitzen vor ihren Bildschirmen. Die Spielleitung zeigt der Gruppe nacheinander 3 bis 4 unterschiedliche Gegenstände.

Sobald die Spielleitung einen Gegenstand in die Kamera gezeigt hat, müssen alle aufspringen und so schnell wie möglich einen Gegenstand in ihrer Nähe finden, der in mindestens einem der drei folgenden Kriterien dem gezeigten Gegenstand entspricht:

- Farbe: Beide Gegenstände haben die gleiche Farbe.
- Form: Beide Gegenstände haben die gleiche Form.
- Funktion: Beide Gegenstände haben die gleiche Funktion.

Die Person, die als letztes die Aufgabe erfüllt, bekommt einen Minuspunkt.

Kommentar:
Dieses Spiel eignet sich besonders gut zur Auflockerung in der Anfangsphase eines Online-Treffens oder nach anstrengenden Diskussionsrunden zur Entspannung.

Bei der Wahl der Gegenstände sollte die Spielleitung darauf achten, dass diese in Farbe, Form und Funktion möglichst unterschiedlich sind, z. B. einen naturfarbenen Strohhut, einen roten Schraubenzieher und eine grüne Batterie.

Buchstaben-Rätsel

Spielbeschreibung:
Die Spielleitung zeigt per Bildschirmfreigabe ein Bild mit Buchstaben. Die Spielenden werden aufgefordert, aus den Buchstaben so viele Wörter wie möglich zu bilden und in den Chat zu schreiben. Wörter, die bereits von ihrem Wortstamm her gleich sind, werden nicht gewertet. Die Person bzw. das Team mit den meisten Wörtern gewinnt.

Ort:
Online-Meeting mit der Möglichkeit, dass sich alle Spielenden gleichzeitig sehen können

Dauer:
5 – 10 Minuten

Gruppe:
Für Gruppen von 4 – 24 Personen

Hilfsmittel:
Keine

Vorbereitung:
3 bis 4 Bilder oder Dokumente mit jeweils einzelnen Buchstaben vorbereiten, die in loser Reihenfolge über-, unter- oder nebeneinander stehen (z. B. hrtapuok, gnilsa, usw.)

Das lustige Adverbien-Spiel

Ort:
Online-Meeting mit der Möglichkeit, dass sich alle Spielenden gleichzeitig sehen und einzelne Spielende in einen Nebenraum verschoben werden können (Breakout-Session)

Dauer:
5 – 10 Minuten

Gruppe:
Für Gruppen von 4 – 24 Personen

Hilfsmittel:
Keine

Vorbereitung:
Keine

Spielbeschreibung:
Zwei Spielende werden von der Spielleitung in einen separaten Raum gebeten und vereinbaren dort zwei Verben (Tätigkeitswort), die vom Rest der Gruppe später pantomimisch nachgemacht werden sollen, z. B. trinken, singen, malen, rudern usw. Bei der Wahl der Verben sollten die Spielenden darauf achten, dass diese gut vor einer Kamera umgesetzt werden können.

Der Rest der Gruppe überlegt sich in der gleichen Zeit ein Adverb (Eigenschaftswort), wie sie etwas machen möchten, z. B. fröhlich, mürrisch, müde, langsam usw.

Wenn die Gruppe sich auf ein gemeinsames Adverb verständigt hat und die beiden Spielenden zwei Verben ausgewählt haben, holt die Spielleitung die beiden wieder zurück zum Gruppen-Meeting und das Spiel beginnt.

Zuerst sagen die zwei Spielenden der Gruppe ihr erstes ausgewähltes Verb (z. B. kochen). Die Gruppenmitglieder müssen dieses Verb nun alle gleichzeitig pantomimisch nachmachen – allerdings so, wie es ihrem ausgewählten Adverb entspricht (z. B. fröhlich), also alle tun so, als würden sie fröhlich kochen.

Nach 1 bis 2 Minuten nennen die beiden Spielenden den anderen ihr zweites Verb, z. B. streiten. Dieses Verb muss nun ebenfalls von der Gruppe dargestellt werden – wieder zusammen mit dem gleichen Adverb wie vorhin, in diesem Fall also fröhlich streiten.

Die beiden Spielenden müssen nun anhand der pantomimischen Darbietungen der Gruppe erraten, um welches Adverb es sich handeln könnte. Sobald die Spielenden das richtige Adverb genannt haben, endet das Spiel und zwei neue Spielende können ihrerseits zwei Verben überlegen, während die Gruppe sich auf ein anderes Adverb verständigt.

Kommentar:
Sollte es nicht möglich sein, einzelne Spielende in einen Nebenraum zu verschieben, können diese alternativ den Ton ihres Computers ausschalten und über die private Chatfunktion zwei Verben festlegen. Die anderen einigen sich in der Zwischenzeit auf ein gemeinsames Adverb. Wenn die Gruppe soweit ist, gibt die Spielleitung den beiden über die Chatfunktion Bescheid oder macht ein vorher vereinbartes Zeichen mit der Hand vor der Kamera.

Du siehst irgendwie anders aus!

Spielbeschreibung:
Die Spielleitung teilt die Spielenden in Zweier- oder Dreiergruppen ein und erklärt die Spielregeln. Zuerst gehen alle in ihre Kleingruppen und schauen sich ihr Gegenüber genau an. Dann schalten alle ihre Kamera aus und verändern etwas – entweder an sich selbst oder an ihrem Hintergrund. Anschließend schalten die Spielenden ihre Kamera wieder ein und müssen erraten, was die andere Person verändert hat.

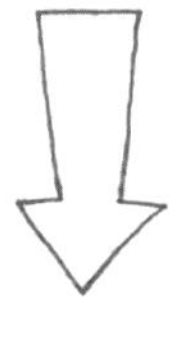

Ort:
Online-Meeting mit der Möglichkeit, dass die Spielenden zu zweit oder zu dritt in einen Nebenraum gehen können

Dauer:
5 – 10 Minuten

Gruppe:
Für Gruppen von 4 – 24 Personen

Hilfsmittel:
Keine

Vorbereitung:
Mehrere Nebenräume vorbereiten (Breakout-Sessions anlegen).

Evolution digitalis

Ort:
Online-Meeting mit der Möglichkeit, dass sich alle Spielenden gleichzeitig sehen können

Dauer:
5 – 10 Minuten

Gruppe:
Für Gruppen von 6 – 25 Personen

Hilfsmittel:
Keine

Vorbereitung:
Keine

Spielbeschreibung:
Bei diesem Spiel geht es darum, die Evolution noch einmal im Schnelldurchlauf zu durchleben. Alle Spielenden starten als Amöbe und möchten sich über mehrere Evolutionsstufen bis hin zum Menschen entwickeln.

Insgesamt gibt es folgende Evolutionsstufen, die alle mit einer bestimmten Bewegung nachgespielt werden:

1. Amöbe – die Spielenden machen mit den Armen Schwimmbewegungen.
2. Krokodil – die Spielenden halten die gestreckten Arme vor dem Gesicht und lassen diese auf- und zuklappen.
3. Huhn – die Spielenden halten die Arme angewinkelt neben dem Körper und bewegen diese rauf und runter.
4. Elefant – die Spielenden berühren mit der Hand die Nase und stecken den anderen Arm durch den so entstandenen Winkel des anderen Armes.
5. Mensch – triumphierendes Lächeln. Die Hände bedienen eine imaginäre Kamera.

Die Weiterentwicklung der Evolutionsstufen erfolgt über das bekannte Spiel „Schere, Stein, Papier", d.h. zwei Personen, die auf der gleichen Evolutionsstufe stehen, spielen eine Runde gegeneinander und wer gewonnen hat, steigt eine Stufe höher. Wer verloren hat, steigt eine Stufe ab (mit Ausnahme der Amöbe, die bleibt auf dieser Stufe stehen). Die Suche nach einem/einer geeigneten Spielpartner*in und die anschließende Runde „Schere, Stein, Papier" machen alle Spielenden gleichzeitig. Über die Galerieansicht in der Videokonferenz müssen sie schauen, wer in der gleichen Evolutionsstufe wie sie selbst ist und diese dann verbal zum „Schere, Stein, Papier"-Spiel auffordern. Das Spiel ist beendet, wenn fast alle es wieder bis zur Entwicklungsstufe des Menschen geschafft haben und bei den übrig gebliebenen unteren Evolutionsstufen keine Paarungen mehr möglich sind.

Variante:
Etwas weniger chaotisch ist es, wenn man auf die einzelnen Evolutionsstufen verzichtet und ein einfaches „Schere-Stein-Papier"-Turnier veranstaltet. Zu Beginn starten alle Spielenden gleichzeitig und suchen sich einen Partner bzw. eine Partnerin. Nach drei Runden scheidet jeweils eine Person aus und schaltet seine Kamera aus. Die siegreiche Person sucht sich aus den verbliebenen Spielenden einen neuen Partner oder Partnerin. Dies geht so lange, bis nur noch zwei Personen übrigbleiben und das Finale bestreiten.

Kommentar:
Die Aufforderung, dass alle ihre Mikros anschalten und gleichzeitig anfangen sollen zu reden, widerspricht allen gängigen Umgangsformen von digitalen Treffen und macht nicht zuletzt deshalb den besonderen Reiz dieses Spieles aus. Sobald das Spiel beginnt, entsteht ein unglaubliches Chaos und es ist erstaunlich, dass es trotz des Durcheinanders gelingt, Kontakt mit einer anderen Person aufzunehmen und mit ihr gemeinsam „Schere, Stein, Papier" zu spielen. Dass dies überhaupt möglich ist, liegt an den vorgegebenen Bewegungen. Die Spielleitung sollte darauf achten, dass diese auch umgesetzt werden. Ansonsten überwiegt das Chaos und die Spielfreude geht verloren.

Freio

Ort:
Online-Meeting mit Chatfunktion

Dauer:
5 – 10 Minuten

Gruppe:
Für Gruppen von 4 – 24 Personen

Hilfsmittel:
Keine

Vorbereitung:
Keine

Spielbeschreibung:
Die Spielleitung teilt die Spielenden in zwei möglichst gleich große Gruppen ein. Alle bleiben im gleichen Meeting-Raum. Dann öffnen alle ihren Chat und die Spielleitung legt fest, welche Gruppe fängt und welche Gruppe die Gejagten sind. Zur Sicherheit winken die Gejagten nochmal alle in die Kamera.

Auf ein Kommando der Spielleitung springen nun alle auf, rennen einmal aus ihrem Zimmer raus und wieder rein und schreiben so schnell wie möglich etwas in den Chat: Die Fangende den Namen eines bzw. einer der Gejagten; die Gejagten schreiben Freio.

Wenn alle wieder sitzen, kontrollieren alle gemeinsam den Chatverlauf. Taucht ein Name auf, bevor der bzw. die Genannte Freio geschrieben hat, gilt diese Person als gefangen und die andere Gruppe bekommt einen Punkt. Hat jemand Freio geschrieben, bevor der Name im Chat auftaucht, gilt sie als frei.

Anschließend tauschen die Gruppen die Rollen und die Spielleitung gibt wieder das Startsignal.

Kommentar:
Die Teilnehmenden sind in der Regel zunächst sehr erstaunt, wenn die Spielleitung verkündet, dass nun ein gemeinsames Fangspiel folgt. Aber es ist eine sehr schöne Möglichkeit, etwas Bewegung in ein Online-Meeting zu bekommen.

Anders als bei Fangspielen üblich, bleiben die Gruppen immer gleich, ansonsten kann es gerade bei größeren Gruppen schnell zu Verwirrung führen.

O.M.A (Obstsalat mal anders)

Spielbeschreibung:
Vor Beginn des Spieles müssen alle Spielenden bei sich zuhause so viel Platz schaffen, dass sie entweder um ihren Stuhl oder um ihren Bildschirm laufen können. Wenn alle so weit sind, kann das Spiel beginnen. Die Spielleitung teilt jeweils 3 bis 4 Spielenden eine Obstsorte zu, z. B. Apfel, Birne, Banane, Pampelmuse. Danach wird eine Person bestimmt, die das Spiel beginnt (dies sollte ganz am Anfang die Spielleitung selbst sein). Diese Person steht quasi „in der Mitte" und nennt eine bis zwei der zugeteilten Obstsorten. Nun müssen diese Person und auch alle Spielenden, auf die die genannte Obstsorte zutrifft, so schnell wie möglich um ihren Stuhl oder Tisch laufen, sich wieder hinsetzen und beide Handflächen in die Kamera halten. Die Person, die zuletzt ihre Handflächen in die Kamera hält, ist die nächste Person, die eine oder mehrere Obstsorten nennen darf und losrennen muss.

Statt einzelner Obstsorten kann die Person, die an der Reihe ist, auch einfach „Obstsalat" sagen. In diesem Fall müssen alle Spielenden aufstehen und eine Runde drehen.

Die Spielenden, die nicht laufen müssen oder schon wieder auf ihrem Platz sitzen, übernehmen die Rolle des Schiedsrichters bzw. der Schiedsrichterin und schauen, wer zuletzt wieder dem Stuhl sitzt und die Handflächen in die Kamera zeigt.

Kommentar:
Was die Spielenden zuhause umrunden, ist egal. Wichtig ist nur, dass sie ihren Stuhl auf der einen Seite verlassen und von der anderen Seite wieder Platz nehmen.

Ort:
Online-Meeting mit der Möglichkeit, dass sich alle Spielenden gleichzeitig sehen können

Dauer:
5 – 10 Minuten

Gruppe:
Für Gruppen von 6 – 25 Personen

Hilfsmittel:
Keine

Vorbereitung:
Keine

Was ist das?

Ort:
Online-Meeting

Dauer:
5 – 10 Minuten

Gruppe:
Für Gruppen von 6 – 16 Personen

Hilfsmittel:
Keine

Vorbereitung:
Mehrere ungewöhnliche Alltagsgegenstände überlegen und neben dem Computer bereitlegen.

Spielbeschreibung:
Die Spielleitung überlegt im Vorfeld drei bis vier ungewöhnliche Alltagsgegenstände, die im Idealfall nicht auf den ersten Blick eindeutig erkennbar sind. Bestens geeignet sind z. B. kuriose Korkenzieher, Aschenbecher in Tierform, USB-Sticks mit besonderem Design, altertümliche Küchengeräte usw.

Dann präsentiert die Spielleitung ihren Gegenstand vor der Kamera, ohne dabei etwas über den Gegenstand selbst zu verraten. Besonders effektvoll wirkt die Präsentation, wenn der Gegenstand wie ein Raumschiff seitlich in das Bild geschwebt kommt und dann einmal möglichst nah vor der Kamera entlanggezogen wird.

Die anderen Spielenden dürfen sich untereinander austauschen und sollen erraten, um was für einen Gegenstand es sich handelt und welche Funktion dieser erfüllt.

Variante A:
Alle Spielenden überlegen sich einen „ungewöhnlichen" Alltagsgegenstand aus ihrer Wohnung und halten diesen griffbereit. Sobald ein Gegenstand richtig benannt wurde, ist die nächste Person an der Reihe und präsentiert der Gruppe ihren Gegenstand.

Variante B:
Die Spielenden dürfen der Person Fragen zu dem Gegenstand stellen. Wird die Frage mit „Nein" beantwortet, darf die nächste Person eine Frage stellen. Es dürfen so lange im Wechsel Fragen gestellt werden, bis der Gegenstand erraten wurde. Wer den Gegenstand korrekt errät, bekommt einen Punkt. Die Reihenfolge kann entweder anhand der Chatliste festgelegt werden oder die Person, die den vorangegangenen Gegenstand errät, darf als nächstes ihren Gegenstand präsentieren.

Wer hat zuerst...!

Spielbeschreibung:
Alle Spielenden sitzen vor ihren Bildschirmen. Die Spielleitung hat drei bis vier Aufgaben vorbereitet und präsentiert diese nacheinander der Gruppe. Sobald die Spielleitung die erste Aufgabe gesagt hat, springen alle Spielenden auf und versuchen, so schnell wie möglich die vorgegebene Aufgabe zu erfüllen und das Ergebnis in die Kamera zu halten.

Mögliche Aufgabenstellungen sind:
- Wer hat zuerst eine Sonnenbrille auf!
- Wer hat zuerst Turnschuhe an und kann diese in die Kamera halten!
- Wer hat zuerst ein Nudelsieb auf dem Kopf!
- Wer hat zuerst eine Süßigkeit im Mund!
- Wer hat zuerst einen selbst gebastelten Papierhut auf dem Kopf!
- Wer sitzt zuerst in eine Bettdecke gewickelt vor der Kamera!
- Wer hat zuerst eine Rolle Klopapier in der Hand!
- Wer hat zuerst einen Korkenzieher in der Hand!
- Wer hat zuerst eine Nadel mit eingefädeltem Faden in der Hand!

Die Person, die als letztes die Aufgabe erfüllt, bekommt einen Minuspunkt.

Variante:
Die Spielleitung wählt bewusst Aufgaben, die den Spielenden einen größeren Interpretationsspielraum lassen, z. B.
- Wer hat zuerst eine geeignete Waffe zur Verteidigung vor Einbrecher*innen in der Hand!
- Wer hat zuerst eine wunderschöne Kopfbedeckung auf!
- Wer hat zuerst etwas in der Hand, worum ihn/sie mindestens eine Person aus der Gruppe beneidet!

Sobald alle Spielenden wieder vor ihrem Bildschirm sitzen, bittet die Spielleitung Einzelne oder die ganze Gruppe, kurz ihren Gegenstand vorzustellen und gegebenenfalls zu erläutern warum dieser ausgesucht wurde.

Ort:
Online-Meeting mit der Möglichkeit, dass sich alle Spielenden gleichzeitig sehen können

Dauer:
5 – 10 Minuten

Gruppe:
Für Gruppen von 6 – 25 Personen

Hilfsmittel:
Keine

Vorbereitung:
Mehrere kleine Aufgaben auswählen, die von den enden umgesetzt werden sollen.

Online-Gruppenspiele

Kooperations-aufgaben

Blinde Maus

Spielbeschreibung:
Die Spielleitung zeigt der Gruppe über die Bildschirmfreigabe ein Bild, auf dem eine Art Karte (oder auch ein Labyrinth) mit einem Start- und einem Zielpunkt zu sehen ist. Die Aufgabe der Spieleenden besteht nun darin, innerhalb der Bildschirmfreigabe über die Funktion „Kommentieren" nacheinander eine Linie in das Bild zu zeichnen, die vom Startpunkt bis zum Ziel führt. Die gezeichnete Linie muss dabei immer auf dem vorgegebenen Weg bleiben und darf keine der vorhandenen Linien kreuzen, die auf dem Bild zu sehen sind.

Je nach Karte bzw. Bild ist dies schon nicht so einfach. Erschwerend hinzu kommt, dass die Person, die die Linie zeichnet, die Augen dabei geschlossen halten muss und von einer anderen Person dirigiert wird. Sobald die Linie von dem vorgegebenen Weg abweicht oder eine der Dinge berührt, gilt der Versuch als gescheitert und die nächste Person ist an der Reihe. Die Aufgabe ist erst erfüllt, wenn mindestens eine Person es schafft, fehlerfrei das Ziel zu erreichen.

Ort:
Online-Meeting mit der Möglichkeit, dass die Spieleenden über die Bildschirmfreigabe etwas in das angezeigte Bild zeichnen können

Dauer:
10 – 15 Minuten

Gruppe:
Für Gruppen von 4 – 12 Personen

Hilfsmittel:
Bilddatei in Form einer Karte oder eines Labyrinths

Vorbereitung:
Bilddatei öffnen und für die Bildschirmfreigabe vorbereiten.

Dream-Team-Competition

Ort:
Online-Meeting mit der Möglichkeit, dass alle Spielenden sich gleichzeitig sehen können

Dauer:
45–60 Minuten

Gruppe:
Für Gruppen von 8–24 Personen

Hilfsmittel:
Liste mit Aufgaben

Spielbeschreibung:
Die Gruppe bekommt die Aufgabe, innerhalb von 40 Minuten 40 Aufgaben umzusetzen.

Dabei gelten folgende Regeln:
- Es dürfen mehrere Aufgaben gleichzeitig angegangen werden.
- Ist die Aufgabe in der Einzahl formuliert, muss sie von einer Person erfüllt werden.
- Ist die Aufgabe in der Mehrzahl formuliert, kann die Aufgabe geteilt und von mehreren Personen umgesetzt werden.
- Wenn in der Aufgabe steht, dass alle dies machen, muss die gesamte Gruppe die Aufgabe erledigen.
- Jede Aufgabe muss der Spielleitung gezeigt und von dieser bestätigt werden.
- In welcher Reihenfolge die Aufgaben umgesetzt bzw. gezeigt werden, entscheidet die Gruppe.

Aufgabenliste
1. Loche ein komplettes DIN-A4-Blatt.
2. Rechne das Gesamtalter der Gruppe aus.
3. Bastle einen Papierflieger, der fliegt.
4. Nenne fünf außergewöhnliche, aber romantische Orte für das erste Date.
5. Finde heraus, wann die Tagesschau erstmals erschienen ist (Weihnachten 1952).
6. Versuche die Spielleitung in einer Minute davon zu überzeugen, warum es wichtig ist, sich für den Klimaschutz einzusetzen/gendergerechte Sprache zu benutzen.
7. Baue ein dreistöckiges Kartenhaus.
8. Erstellt ein „Selfie" mit mindestens vier Personen aus der Gruppe mit derselben Pose.
9. Spielt alle zusammen eine Zombieapokalypse nach.
10. Spielt mit mindestens zwei Personen eine berühmte Filmszene nach.
11. Singe ein Lied. 1. Strophe + Refrain reichen.
12. Zeige uns fünf verschiedene Zimmerpflanzen.
13. Zähle das Alphabet rückwärts auf, ohne abzulesen.
14. Schreibe in den Chat eine Teilnehmenden-Liste nach Schuhgröße sortiert.
15. Male ein Bild von der Spielleitung und haltet es in die Kamera.
16. Puste sechs Teelichter mit der Nase aus.
17. Imitiere fünf Tiere pantomimisch, die vom Rest der Gruppe zu erraten sind.
18. Findet mindestens eine Person in eurer Gruppe, die die Zunge rollen kann.
19. Schreibe ein Gedicht mit acht Zeilen über eure Gruppe und stelle es in den Chat.
20. Sammle zehn Gegenstände mit Werbe-Logo und zeige sie in die Kamera
21. Erzähle der Spielleitung den schlechtesten Witz, den du kennst.
22. Rufe richtig laut aus dem Fenster „Wir machen ein Online-Meeting und brauchen Ruhe".

23. Erstelle eine Playlist mit mindestens zehn Songs, die typische Situationen eurer Arbeit treffend beschreiben.
24. Finde ein Meme, dass die Situation eurer Gruppe perfekt beschreibt.
25. Tanze einen TikTok-Tanz vor.
26. Rezitiere auswendig ein Gedicht.
27. Nenne uns deine Lieblingsstelle aus der Bibel.
28. Mache einen Bottle-Flip.
29. Nenne uns sieben Gründe, warum eure Gruppe so toll ist.
30. Putzt euch alle gemeinsam zwei Minuten die Zähne vor der Kamera.
31. Starte auf der Wikipedia-Seite über die „UNO" und schaffe es mit vier Klicks auf die Wikipedia-Seite über „Nächstenliebe".
32. Baue eine Pyramide aus mindestens acht Klopapierrollen.
33. Alle aus der Gruppe erscheinen irgendwie kostümiert vor der Kamera.
34. Findet heraus, wie viele Sprachen ihr insgesamt sprecht.
35. Zeige eine kurze Live Discofox-Tanzeinlage (mit einer anderen Person aus deinem Haushalt).
36. Fange drei Süßigkeiten (Nüsse/Trockenobst) hintereinander mit dem Mund.
37. Jede Person zeichnet zehnmal das Haus vom Nikolaus.
38. Sage fünf Mal hintereinander fehlerfrei folgenden Zungenbrecher auf: Ein Kaplan klebt Pappplakate, Pappplakate klebt ein Kaplan.
39. Haltet 10 verschiedene Obstsorten in die Kamera (Äpfel sind eine Sorte, auch Dosenobst und Gefrorenes geht, keine Smoothies oder Getränke).
40. Esst fünf gekochte Eier.

Kommentar:

Bei diesem Spiel geht es vor allem um die Themen Einsatzbereitschaft und Koordination. Aufgrund der Vielzahl an Aufgaben und des immensen Zeitdrucks kann die Gruppe nur erfolgreich sein, wenn alle Spielenden bereit sind, sich einzubringen und es gleichzeitig gelingt, den Überblick zu behalten. Die Qualität der einzelnen Ergebnisse sollte dabei nicht im Vordergrund stehen. Es reicht, wenn sich alle trauen, die Verantwortung für eine Aufgabe zu übernehmen und am Ende alle Aufgaben erfüllt wurden.

Je nach Gruppengröße können auch mehr oder weniger Aufgaben vorgegeben werden. Die Gesamtzeit richtet sich nach der Anzahl der Aufgaben (pro Aufgabe bekommt die Gruppe eine Minute Zeit).

Fingerspitzengefühl

Ort:
Online-Meeting mit der Möglichkeit, dass alle Spielenden sich gleichzeitig sehen können

Dauer:
5 – 10 Minuten

Gruppe:
Für Gruppen von 4 – 24 Personen

Hilfsmittel:
Keine

Vorbereitung:
Keine

Spielbeschreibung:
Zu Beginn des Spiels ist es wichtig, dass alle in ihrem Programm in die Galerieansicht wechseln, so dass alle Beteiligten gleichzeitig auf dem Bildschirm zu sehen sind. Dann bittet die Spielleitung alle Spielenden, ihre Hände so zu halten, dass es aussieht, als ob sie mit den Spitzen ihrer Zeigefinger die beiden oberen Ecken ihres eigenen Bildausschnitts berühren würden. Wenn alle mitmachen, sollte es so aussehen, als ob sie sich über ihre eigenen Bildausschnitte hinaus mit den Fingerspitzen berühren. Nun besteht die Aufgabe darin, die Fingerspitzen gleichzeitig an den Seitenrändern bis zur unteren Kante heruntergleiten zu lassen (bzw. hochzugleiten, wenn unten gestartet wird), ohne dass dabei der visuelle Kontakt zwischen den Spitzen der Zeigefinger abbricht (da jede Person bei ihrer Galerieansicht eine andere Anordnung der Personen sieht, müssen wirklich alle gleichzeitig agieren). Die Spielenden dürfen dabei gerne miteinander sprechen. Bricht der Kontakt an einer Stelle ab, müssen alle wieder von vorne beginnen.

Jeder Buchstabe ist anders

Spielbeschreibung:
Die Gruppe bekommt die Aufgabe, sich einen Namen zu geben. Der Name soll aus irgendeinem Grund besonders gut zur Gruppe passen und mindestens genauso viele Buchstaben haben wie es Spielende gibt. Sobald die Gruppe sich auf einen Namen geeinigt hat, schreibt ihn die Spielleitung für alle sichtbar in den Chat. Dann beginnt die eigentliche Aufgabe. Jede Person aus der Gruppe übernimmt einen anderen Buchstaben aus dem Gruppennamen und soll diesen in die Kamera zeigen. Die Schwierigkeit besteht allerdings darin, dass jeder Buchstabe anders präsentiert werden soll, d.h. wenn eine Person ihren Buchstaben auf ein Blatt schreibt und in die Kamera hält, darf niemand sonst dies tun und muss sich etwas anderes überlegen.

Die Koordination der Aufgabe und deren Umsetzung liegt komplett in der Verantwortung der Gruppe. Sobald die Spielende es geschafft haben und jeder Buchstabe des Gruppennamens anders in die Kamera gehalten wird, kann die Spielleitung ihre Videokacheln entsprechend anordnen und einen Screenshot erstellen.

Kommentar:
Dieses Spiel kombiniert auf schöne Art und Weise Kreativität und Kooperation. Die Gruppe muss sich gemeinsam absprechen, Buchstaben verteilen und darauf achten, dass jeder Buchstabe anders ist. Aufgrund der Tatsache, dass sich alle Spielenden woanders befinden und jeder Person andere Dinge zur Verfügung stehen, ist die Umsetzung dieser Aufgabe oftmals leichter als zunächst von der Gruppe vermutet.

Ort:
Online-Meeting mit der Möglichkeit, dass alle Spielenden sich gleichzeitig sehen können

Dauer:
5 – 10 Minuten

Gruppe:
Für Gruppen von 6 – 16 Personen

Hilfsmittel:
Keine

Vorbereitung:
Keine

One-Take-Musikvideo

Ort:
Online-Meeting mit der Möglichkeit, dass alle Spielenden sich gleichzeitig sehen können

Dauer:
20 – 30 Minuten

Gruppe:
Für Gruppen von 4 – 24 Personen

Hilfsmittel:
Musikdatei, die über die Bildschirmfreigabe eingespielt werden kann, Liedtext

Spielbeschreibung:
Die Gruppe bekommt die Aufgabe, innerhalb von 15 Minuten ein One-Take-Musikvideo vorzubereiten und umzusetzen. Dazu wird von der Spielleitung nach der Planungszeit über die erweiterte Bildschirmfreigabe „Nur Ton" ein bekanntes Lied eingespielt, das alle gleichzeitig über ihr Endgerät hören können. Am besten eignen sich dazu bekannte Party- oder Karnevalhits mit eingängiger Melodie und einfachem Text.

Die Aufnahme des Videos und der Wechsel der Ansichten während des Liedes ist Teil der Gruppenaufgabe. Dazu bestimmt die Gruppe nach der Erklärung der Aufgabe eine Person, die Regie führt. Diese bekommt für ihre Aufgabe von der Spielleitung die Rolle des Host zugewiesen. Sie soll dafür sorgen, dass das Video über die Aufnahmefunktion aufgezeichnet wird und während des Liedes immer wieder zwischen der Galerieansicht und der Sprechenden-Ansicht gewechselt wird. Wichtig ist dabei, dass jede Person aus der Gruppe (bis auf den Host selbst – das geht leider nicht) einmal im Großformat zu sehen ist.

Darüber hinaus müssen während des Liedes noch weitere Vorgaben von der Gruppe erfüllt werden:

- Es gibt mindestens eine Bewegung oder Geste während des Refrains, die alle gleichzeitig machen.
- Eine oder mehrere Personen schwenken eine Fahne.
- Eine oder mehrere Personen werfen Konfetti.
- Eine oder mehrere Personen tanzen auf einem Tisch.
- Eine oder mehrere Personen spielen ein Instrument (Luftgitarre ist auch möglich).
- Eine oder mehrere Personen setzen bestimmte Szenen aus dem Lied um (entweder pantomimisch oder als Zeichnung/Gegenstand, die in die Kamera gehalten werden).

Nach der Vorstellung der Aufgabe wird der Liedtext in den Chat gestellt und die Gruppe hat 15 Minuten Zeit, die Aufgaben zu verteilen, sich auf gemeinsame Bewegungen zu verständigen und eine Choreographie zu vereinbaren.
Nach 15 Minuten geht es los: Alle Personen schalten ihre Mikros auf stumm, die Spielleitung startet das Lied und die Person, die Regie führt, schaltet auf Aufnahme und wechselt während des Liedes in die verschiedenen Ansichten.

Hinweise für die Aufnahme

Während der Aufnahme ist es wichtig, dass alle Beteiligten ihr Mikro ausschalten, da sonst die eingespielte Musik nicht gut zu verstehen ist. Ansonsten konzentrieren sich am besten einfach alle auf die Aufgaben, die sie übernommen haben und lassen sich nicht von den wechselnden Ansichten während des Liedes irritieren.

Kommentar:

Die Aufgabe wirkt auf den ersten Blick sehr komplex und ist technisch etwas anspruchsvoller. Zudem kann es für einzelne Personen durchaus nicht leicht sein, alleine in den eigenen vier Wänden zu singen und zu tanzen, während das Ganze auch noch aufgezeichnet wird. Auf der anderen Seite kann genau dies als spannende Herausforderung betrachtet werden und das Gemeinschaftsgefühl der Gruppe fördern.

Um die technischen Fragen gut und sicher klären zu können, ist es wichtig, die benötigten Funktionen im Vorfeld einmal zu testen. Das gilt auch für die Person, die sich bereit erklärt, die Regie zu übernehmen. Diese kann während der Planungsphase schon mal ausprobieren, wie sie als Host die Ansichten wechseln und einzelne bzw. mehrere Spielende in der Sprechenden-Ansicht zeigen.

Vorbereitung:

Ein geeignetes Lied auswählen und soweit vorbereiten, dass dieses später über den Computer eingespielt werden kann. Den Liedtext sowie die Vorgaben an die Gruppe in ein Dokument kopieren. Sich mit den technischen Funktionen vertraut machen, die bei dieser Aufgabe zum Einsatz kommen.

Panto-Team-e

Ort:
Online-Meeting mit der Möglichkeit, dass alle Spielenden sich gleichzeitig sehen können

Dauer:
25 - 35 Minuten

Gruppe:
Für Gruppen von 6 - 18 Personen

Hilfsmittel:
Aufgabenbeschreibungen für die Kleingruppen

Vorbereitung:
Aufgaben für die Kleingruppen auswählen. Für jede Kleingruppe einen Nebenraum (Breakout-Session) anlegen.

Spielbeschreibung:
Bei diesem Spiel muss die Gruppe innerhalb einer bestimmten Zeit mehrere Aufgaben umsetzen, die ihr pantomimisch erklärt werden. Die Erklärung der Aufgaben erfolgt durch verschiedene Spielende, die sich im Laufe des Spiels abwechseln.

Im Vorfeld des Spiels wird die Gruppe dazu in Kleingruppen von jeweils zwei bis drei Personen eingeteilt. Jede Kleingruppe bekommt von der Spielleitung über die private Chat-Funktion eine andere Aufgabe geschickt. Anschließend werden alle Kleingruppen fünf bis sieben Minuten lang in separate Nebenräume (Breakout-Sessions) geschickt, um sich zu überlegen, wie sie diese Aufgabe dem Rest der Gruppe pantomimisch erklären können.

Nach Ablauf der Zeit kommen alle wieder zusammen und das eigentliche Spiel beginnt. Die Gruppe hat nun eine bestimmte Anzahl an Minuten zur Verfügung (zwei Minuten pro Aufgabe plus zwei bis drei Minuten Bonus), um alle Aufgaben beschreibungsgetreu umzusetzen. Die Reihenfolge bestimmt die Gruppe selbst.Eine Aufgabe gilt erst dann als erfüllt, wenn die Spielleitung dies bestätigt.

Bei der Erklärung bzw. Umsetzung der Aufgaben gelten folgende Regeln:

- Die Aufgaben dürfen nur pantomimisch erklärt bzw. angeleitet werden.
- Die Spielenden, die die Aufgabe erklären, dürfen lediglich die Namen von einzelnen Gruppenmitgliedern sagen, um gezielt einzelne Personen anzusprechen. Ansonsten dürfen sie weder sprechen noch schreiben (es sei denn, dies wurde in der Beschreibung der Aufgabe ausdrücklich benannt).
- Die anderen Personen aus der Gruppe müssen herausfinden, was die beiden von ihnen genau wollen und müssen dann die Anweisungen ausführen. Dabei dürfen sie den beiden auch Ja-/Nein-Fragen stellen. Diese dürfen mit Kopfnicken zustimmen oder mit Kopfschütteln ablehnen.
- Jede Aufgabe definiert genau, wann diese als erfüllt gilt. Sobald die Aufgabe erfüllt wurde, gibt die Spielleitung ein Zeichen an die Gruppe.
- Während des gesamten Spiels hat die Gruppe auch die Möglichkeit, eine Aufgabe zu unterbrechen, zu einer anderen Aufgabe zu wechseln und es später erneut zu versuchen.

Das Spiel ist zu Ende, wenn die Gruppe alle Aufgaben erfüllt hat oder die Zeit abgelaufen ist. Am Ende des Spiels wird der Gruppe die Aufgabe laut vorgelesen.

Vorschläge für mögliche Aufgaben:

1. Märchen

Du oder dein*e Partner*in schreibt auf ein Blatt „Schneewittchen und die Sieben Zwerge" und ihr haltet das Blatt gut lesbar in die Kamera. Die Aufgabe der anderen ist es, den Anfang des Märchens von Schneewittchen zu erzählen. Dabei darf jede Person immer nur ein Wort sagen. Die erste Person sagt z. B. „Es", die zweite Person „war", die dritte „einmal" usw. Das Märchen muss nicht komplett erzählt werden. Sobald jede Person drei Mal drangekommen ist und ein Wort hinzugefügt hat, ist die Aufgabe erfüllt.

2. Tierpaare

Die anderen müssen ohne Zuordnungen durch euch Tierpaare bilden. Wenn jedes Paar die passenden Tiergeräusche/Tierstimme und Bewegungen gemacht hat, ist die Aufgabe erfüllt.

3. Soundeffekte

Alle singen gemeinsam die Liedzeile „We will, we will rock you" von Queen und klatschen dazu rhythmisch in die Hände und auf die Oberschenkel. Diese Textzeile wird immer wiederholt. Eine Person aus der erklärenden Kleingruppe stellt sich auch auf einen Stuhl und spielt den Lautstärkeregler. Steht diese Person auf dem Stuhl, müssen die anderen ganz laut singen. Hockt sie auf dem Boden, müssen die anderen ganz leise singen. Die Aufgabe ist erfüllt, wenn alle Lautstärken zweimal durchgespielt wurden.

4. Geburtstagslied

Die Gruppe singt das Lied „Happy birthday to you" in abwechselnden Passagen. Die Mädchen singen immer nur „Happy birthday" und die Jungen „to you". Die Passage „liebe Gruppe" singen alle gemeinsam. Für die Anleitung dürfen die Erklärenden den Begriff „Liebe Gruppe" auf ein Blatt schreiben und gut lesbar in die Kamera halten. Wenn das Lied entsprechend dieser Aufteilung einmal fehlerfrei gesungen wurde gilt die Aufgabe als erfüllt.

5. Orchester

Die Gruppe stellt ein Orchester nach. Dieses besteht aus folgenden Instrumentengruppen: Klavier, Geigen, Posaunen, Querflöten, Pauken, Becken. Eine Person aus der erklärenden Kleingruppe darf dirigieren und lässt zur Probe jede Person einzeln vorspielen. Dabei müssen die Spielenden die entsprechende Bewegung zum Instrument und das passende Geräusch machen. Anschließend muss das ganze Orchester zehn Sekunden lang gemeinsam spielen und danach aufstehen und sich mit euch gemeinsam verbeugen. Erst danach gilt die Aufgabe als erfüllt.

6. Bravo

Alle Spielenden rufen auf ein Zeichen von euch gemeinsam die Buchstaben „B", „R", „A", „V", „O". Anschließend wird gemeinsam das Wort „Bravo" gerufen. Dabei müssen alle blitzartig wie eine Rakete hochfahren, die Hände hochstrecken und damit winken. Die Aufgabe ist erfüllt, wenn die gesamte Gruppe diese Vorgaben einmal fehlerfrei mitgemacht hat.

Stifte legen

Ort:
Online-Meeting mit der Möglichkeit, dass alle Spielenden sich gleichzeitig sehen können

Dauer:
10 – 15 Minuten

Gruppe:
Für Gruppen von 4 – 12 Personen

Hilfsmittel:
Jede Person muss 10 möglichst gleich große Stifte bereithalten

Vorbereitung:
Keine

Spielbeschreibung:
Zunächst bekommt die Gruppe die Aufgabe, sich auf ein Bild zu einigen, das mithilfe von zehn Stiften auf einem Tisch gelegt werden kann (z. B. ein Haus mit Schuppen oder ein Stern).

Anschließend bittet die Spielleitung alle, zehn möglichst gleich große Stifte zu holen und damit das vereinbarte Bild vor sich auf den Tisch zu legen. Ziel der Aufgabe ist es, dass alle exakt das gleiche Bild vor sich haben. Die Spielenden dürfen währenddessen nur miteinander sprechen, ohne sich während dieser Phase etwas zu zeigen. Am Ende sollen alle Bilder komplett identisch sein (z. B. auch was die Richtung der Stiftspitzen angeht).

Wenn alle soweit sind, klappen sie ihre Kamera so, dass die eigene Stiftzeichnung zu sehen ist und die Spielleitung macht einen Screenshot. Anschließend teilt die Spielleitung den Screenshot über die Funktion „Bildschirm teilen" und die Spielenden können anhand des Bildes darüber sprechen, inwieweit ihre Absprachen und ihre Kooperation erfolgreich war oder nicht.

Variante:
Die Spielenden bekommen für die Umsetzung der Aufgabe ein Zeitlimit von maximal drei Minuten. Eine zeitliche Begrenzung erhöht oftmals den herausfordernden Charakter einer Aufgabe. Allerdings birgt dies auch die Gefahr, dass alle nur noch versuchen, so effizient wie möglich zu kommunizieren und weniger darauf zu achten, dass alle zur Wort kommen und sich gleichermaßen am Gruppenprozess beteiligen.

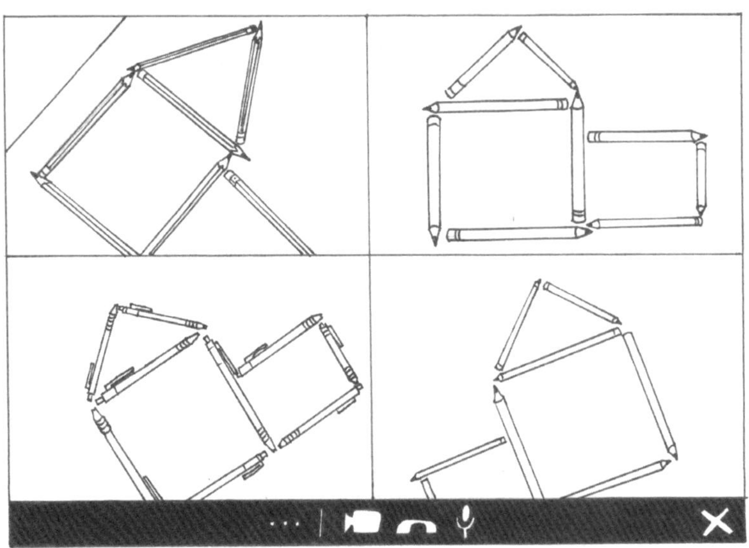

Team-Memory

Spielbeschreibung:
Bei diesem Spiel bekommen die Spielenden für kurze Zeit eine Bilddatei mit 50 Gegenständen zu sehen und sollen anschließend möglichst alle dieser Gegenstände gemeinsam aufzählen. Bevor das Spiel losgeht und die Spielleitung die erste Bilddatei zeigt, haben sie die Möglichkeit, sich zu beraten und eine gemeinsame Strategie festzulegen.

Anschließend teilt die Spielleitung ihren Bildschirm und zeigt 50 Sekunden lang die vorbereitete Bilddatei mit den 50 Gegenständen. Nach Ablauf dieser Zeit wird die Teilung des Bildschirms von der Spielleitung aufgehoben und die Spielenden müssen sagen, welche Gegenstände sie sich gemerkt haben. In welcher Reihenfolge oder nach welchem System, entscheidet die Gruppe.

Wenn die Gruppe alle Gegenstände aufgezählt hat, die ihr eingefallen sind, zeigt die Spielleitung nochmal die Bilddatei und weist auf die Gegenstände hin, die nicht genannt wurden.

Anschließend können die Spielenden überlegen, wie sie ihre Vorgehensweise optimieren können und die Spielleitung zeigt eine zweite und eventuell noch eine dritte Bilddatei mit jeweils anderen Gegenständen.

Kommentar:
Für die Durchführung ist es hilfreich, wenn die Spielleitung die Bilddateien mit den 50 Gegenständen ausgedruckt vor sich liegen hat und alle Gegenstände markieren kann, die genannt wurden. Ansonsten kann sie bei der Aufzählung schnell den Überblick verlieren.

Bei Gruppen über zwölf Personen kann die Anzahl der Gegenstände pro Bild auf 70 erhöht werden.

Ort:
Online-Meeting mit der Möglichkeit, dass alle Spielende sich gleichzeitig sehen können

Dauer:
10 - 15 Minuten

Gruppe:
Für Gruppen von 4 - 24 Personen

Hilfsmittel:
2 - 3 Bilddateien mit jeweils 50 - 70 Bildern

Vorbereitung:
Mehrere Bilddateien vorbereiten, auf denen jeweils 50 (70) verschiedene Gegenstände gleichzeitig zu sehen sind.

Reflexionen

Carcasonnogramm

Ort:
Raum, Wiese

Dauer:
20 – 30 Minuten

Gruppe:
Für Gruppen von
6 – 16 Personen

Hilfsmittel:
Karten aus dem Spiel „Carcassonne"

Spielbeschreibung:
In Anlehnung an den vorangegangenen Gruppenprozess sollen die Teilnehmenden überlegen, wie aus ihrer Sicht das aktuelle Gruppengefüge aussieht. Fragen, die in dieser Hinsicht interessant bzw. hilfreich für die Gruppe sein könnten sind:

- Mit wem fühlen sich die einzelnen Teilnehmenden besonders verbunden?
- Wo gibt es Verbindungslinien bzw. Trennlinien?
- Welche Untergruppen gibt es und wie setzen sich diese zusammen?
- In welchem Verhältnis stehen diese Untergruppen zueinander?
- Gibt es innerhalb der Gruppe Einzelpersonen und wenn ja, wie sind diese innerhalb der Gruppe positioniert?

Nachdem alle kurz für sich über diese Fragen nachdenken konnten, kommen die Teilnehmenden in Kleingruppen von jeweils 3 – 4 Personen zusammen und sollen mithilfe von Legeplättchen aus dem Spiel „Carcassonne" eine Landschaft gestalten, die aus ihrer Sicht das Gruppengefüge am besten darstellt.

Anschließend werden alle gelegten Landschaften gemeinsam betrachtet und die jeweiligen Kleingruppen können den anderen Gruppenmitgliedern erklären, warum sie ihre Landschaft wie gelegt haben.

Kommentar:
Die Legeplättchen aus dem Spiel „Carcassone" bieten eine Vielzahl an Gestaltungsmöglichkeiten. Die einzelnen Karten sind sehr ansprechend gestaltet und laden dazu ein, immer wieder neue Landschaften zusammenzustellen.

Einander

Spielbeschreibung:
Die Gruppe bekommt von der Spielleitung die verschiedenen Einander-Formen präsentiert und soll überlegen, zu welcher Phase des Spielgeschehens welche Form des „Einanders" passen würde. Anschließend lädt die Spielleitung die Gruppe ein, darüber zu diskutieren, welche Vor- und Nachteile die verschiedenen Einander-Formen haben und in welcher Situation sie für sich welche Form für besonders wünschenswert erachten.

Die verschiedenen Einander-Formen sind:

1. Miteinander
2. Gegeneinander
3. Durcheinander
4. Nebeneinander
5. Untereinander
6. Übereinander
7. Hintereinander
8. Aneinander
9. Zueinander
10. Beieinander
11. Voneinander
12. Voreinander

Variante:
Anstatt die verschiedenen Einander-Formen vorzustellen, kann es auch Spaß machen, die Gruppe selbst überlegen zu lassen, welche Formen des „einanders" in der deutschen Sprache möglich sind.

Ort:
Raum, Wiese

Dauer:
20 – 30 Minuten

Gruppe:
Für Gruppen von 6 – 16 Personen

Hilfsmittel:
Karten mit den verschiedenen Formen von Einander

Einsiedlerwege

Ort:
Raum, Wiese

Dauer:
20 - 30 Minuten

Gruppe:
Für Gruppen von 6 - 16 Personen

Hilfsmittel:
viele Karten aus dem Spiel „Siedler von Catan"

Spielbeschreibung:
Ausgangspunkt dieser Methode ist die Frage, wie die Teilnehmenden den vorangegangenen Gruppenprozess erlebt haben. Zu Beginn werden mehrere Kleingruppen von jeweils 5 - 6 Personen gebildet, die mithilfe der Karten aus dem Spiel „Siedler von Catan" einen Weg legen sollen, der den erlebten Gruppenprozess aus ihrer Sicht darstellt.

Anschließend kommen alle Kleingruppen zusammen, legen ihre Wege nebeneinander aus und stellen sich gegenseitig ihre Gedanken und Beweggründe vor, warum sie ihren Weg wie gelegt haben. Nachdem alle Wege vorgestellt wurden, hat die Spielleitung die Möglichkeit, auf bestimmte Gemeinsamkeiten oder Unterschiede einzugehen, die besonders ins Auge fallen, und die dahinter stehenden Wahrnehmungen und Interpretationen in Beziehung zueinander zu stellen.

Kommentar:
„Siedler von Catan" ist eines der bekanntesten Gesellschaftsspiele in Deutschland. Die Karten bieten eine attraktive Möglichkeit, Landschaften und Wege zu gestalten und nutzen den positiven Bezug, den viele Menschen zu diesem Spiel haben.

Anhand der vorgestellten Siedlerwege und deren Gemeinsamkeiten bzw. Unterschiede werden die verschiedenen Sichtweisen in Bezug zueinander gebracht und die Gruppe kann ein Verständnis dafür entwickeln, wie es zu bestimmten Dynamiken innerhalb der Gruppe kommen kann und Vereinbarungen treffen wie sie zukünftig damit umgehen möchte.

Farben und Formen

Spielbeschreibung:
Jede*r Teilnehmende bekommt nur ein Blatt, einen Buntstift mit einer mehrfarbigen Mine und evtl. eine Schreibunterlage. Alle Anwesenden haben nun die Aufgabe, ihre Gefühle, Eindrücke und Wahrnehmungen während der letzten Gruppenaufgabe anhand eines Bildes zu Papier zu bringen. Sie dürfen dabei keine Wörter oder Symbole zeichnen, sondern nur anhand der möglichen Farben und Formen deutlich machen worum es ihnen geht.

Kommentar:
Der besondere Reiz dieser Aufgabe besteht in der Reduktion der Ausdruckmöglichkeiten. Zunächst werden sich einige Teilnehmende mit Sicherheit schwer tun, aber wenn es Ihnen gelingt, sich auf die Aufgabe einzulassen ist es immer wieder beeindruckend, wie ausdrucksstark diese Methode sein kann.

Die Verwendung von mehrfarbigen Stiften verstärkt diesen Effekt und beinhaltet zusätzlich noch einen spielerischen Aspekt, da die Teilnehmenden erstmal ausprobieren müssen, wie sie den Stift halten müssen, um eine bestimmte Farbe zu malen.

Ort:
Raum, Wiese

Dauer:
20 – 30 Minuten

Gruppe:
Für Gruppen von 6 – 16 Personen

Hilfsmittel:
weiße Blätter, pro Person einen Buntstift mit einer mehrfarbigen Mine, evtl. Schreibunterlagen für alle

Mein Beitrag – Dein Beitrag

Ort:
Raum, Wiese

Dauer:
20 – 30 Minuten

Gruppe:
Für Gruppen von 6 – 16 Personen

Hilfsmittel:
Karten mit Aufgabenbeschreibungen

Spielbeschreibung:
Im Anschluss an eine Gruppenaufgabe legt die Spielleitung für alle sichtbar verschiedene Karten mit Aufgabenbeschreibungen in die Mitte. Die Beschreibungen beziehen sich alle auf Beiträge, die einzelne Personen der Gruppe gegeben haben bzw. geben können. Die Spielleitung lädt die Gruppe ein, die einzelnen Beiträge nacheinander zu besprechen und zu überlegen, zu welcher Person aus der Gruppe die Karte am besten passt. Mögliche Aufgabenbeschreibungen können sein:

... Hat der Gruppe viel gegeben
... Hat mitgedacht
... Hätte viel anzubieten, wird jedoch oft übergangen
... Kann der Gruppe immer noch extra Energie geben
... Nimmt sensibel die Gefühle anderer wahr
... Beobachtet genau
... Denkt nach vorne
... Bietet Hilfe und Unterstützung an
... Achtet auf Sicherheit
... Schätzt andere wert
... Packt mit an
... Kann gut zuhören
... Sorgt für gute Stimmung
... Gibt bei Schwierigkeiten nicht auf
... Hält die Gruppe zusammen
... Achtet darauf, das gemeinsame Ziel zu erreichen

Wenn alle Karten besprochen und verteilt wurden, bittet die Spielleitung die Gruppe zu einer Gesprächsrunde ein, wie zufrieden sie mit dem Verlauf und dem Ergebnis der Kartenzuteilung sind.

Kommentar:
Diese Aufgabe kann eine Gruppe durchaus vor Herausforderungen stellen. Was ist mit Personen, zu denen keine der ausliegenden Karten passt? Müssen die Karten gleichmäßig verteilt sein oder ist es in Ordnung, wenn einzelne Personen mehrere Karten bekommen und andere womöglich gar keine?

Sag mir, was ich denke!

Ort:
Raum, Wiese

Dauer:
20 – 30 Minuten

Gruppe:
Für Gruppen von 6 – 16 Personen

Hilfsmittel:
Dixit-Karten

Spielbeschreibung:
Die Spielleitung legt eine Vielzahl an spannenden Motivkarten aus, die viel Raum für Interpretationen lassen. Alle Teilnehmenden werden gebeten, ein Motiv auszuwählen, dass ihrer Meinung nach besonders gut zu dem erlebten Gruppenprozess passt und diese Karte in die Hand zu nehmen. Wenn alle eine Karte haben beginnt die eigentliche Runde. Eine Person fängt an und zeigt dem Rest der Gruppe gut sichtbar die ausgewählte Karte ohne dabei etwas zu sagen. Die anderen Gruppenmitglieder sollen nun überlegen, was sie selbst mit dem gewählten Motiv verbinden und sind aufgefordert, ihre Gedanken laut zu äußern. Wenn alle, die möchten, gesagt haben, was sie mit dem Motiv verbinden, sagt die Person, die das Motiv gezeigt hat, aus welchem Grund sie dieses Motiv gewählt hat und was sie damit verbindet.

Kommentar:
Die Verknüpfung von Gefühlen und Erlebnissen mit Motiven und Bildern ist nicht wirklich neu. Was diese Methode auszeichnet ist die besondere Form der Fragestellung. Die Gruppenmitglieder sollen nicht raten, was die entsprechend Person wohl mit ihrem Bild ausdrücken möchte, sondern ganz frei überlegen, was sie selbst mit dem jeweiligen Motiv verbinden. Durch diese Offenheit wir deutlich, welche Vielzahl an Gedanken und Assoziationen ein Bild ermöglichen kann und hilft der entsprechenden Person, die eigenen Gedanken zu hinterfragen und den eigenen Blick zu weiten.

Besonders gut eignen sich die Motivkarten aus dem Gesellschaftsspiel „Dixit" für diese Reflexionsmethode.

Was für ein Gewimmel

Ort:
Raum, Wiese

Dauer:
20 – 30 Minuten

Gruppe:
Für Gruppen von 6 – 16 Personen

Hilfsmittel:
Wimmelbilder (z. B. von Ali Mitgutsch)

Spielbeschreibung:
Die Spielleitung präsentiert der Gruppe ein Wimmelbild – entweder in Form eines großen Plakates oder als DIN A4-Ausdruck für jede Person.

Die Teilnehmenden werden aufgefordert, sich das Bild ganz genau anzuschauen und dabei zu überlegen, welche Person oder Gegenstand auf dem Bild ihrer Rolle während der letzten Aufgabe am ehesten entspricht bzw. mit welcher Person sie sich am besten identifizieren kann.

Kommentar:
Wimmelbilder bieten eine große Faszination, da auf einer sehr kleinen Fläche unheimlich viele Personen und Situationen zu sehen sind. Durch diese Vielzahl an Identifikations- und Wiedererkennungsmöglichkeiten eignen sie sich besonders gut zur Rollenklärung innerhalb eines Teams.

Spieleketten

Fünf gewinnt!

Ort:
Große Wiese

Gruppe:
8 – 30 Personen

Dauer:
1,5 Stunden

Einsatzmöglichkeiten / Ziele:
Förderung der Spielfreude und des Teamgeistes, spielerisches Kennenlernen, Aufbau einer angenehmen Gruppenatmosphäre

Rahmenhandlung

Diese Spieleinheit verbindet das Prinzip der gemeinsamen Spielfreude mit dem Reiz des spielerischen Wettkampfs. Die Teilnehmenden spielen mehrere Wettkampfspiele in immer wieder neuen Teamkonstellationen und sammeln ganz individuell Punkte. Im Gegensatz zu anderen Spieleketten in diesem Buch spielen die Teilnehmenden also nicht nur miteinander, sondern immer auch gegeneinander. Dadurch wird nicht nur der Teamgeist gefördert, sondern auch die Personen zum Spielen motiviert, die ansonsten Schwierigkeiten haben, sich ohne nachvollziehbaren Grund auf ein Spiel einzulassen.

Damit die Förderung des Teamgeistes und die gemeinsame Spielfreude nicht unter dem Wettkampfgedanken leiden, sind folgende Grundsätze wichtig:

- Alle Spiele sind so ausgewählt, dass keine Einzelpersonen, sondern immer Teams gegeneinander antreten und ein Sieg nur möglich ist, wenn die Teilnehmenden innerhalb ihrer Teams besonders gut interagieren.
- Die Zusammenstellung der Teams erfolgt immer rein zufällig und steht in keinem Zusammenhang zu dem aktuellen Punktestand oder den jeweiligen Fähigkeiten der Spielenden.
- Die Punktevergabe erfolgt individuell. Nach jeder Runde notieren sich alle Teilnehmenden auf einer ausgehängten Liste die Anzahl der Punkte, die sie in der letzten Runde erspielt haben.
- Neben dem Zufallsprinzip wird noch ein gewisser Glücksfaktor bei der Punktevergabe eingeführt – alle Spielenden, deren Punktezahl durch fünf teilbar ist, bekommen ganz am Ende noch einen Bonus von fünf Punkten zusätzlich.

Durch die Betonung des Zufallsprinzips und des Glücksfaktors wird den Spielenden auf spielerische Art und Weise verdeutlicht, dass der Leistungsgedanke nur während der fünf Teamspiele sinnvoll ist und ansonsten die Spielfreude im Mittelpunkt steht.

Im Anschluss an die finale Punktevergabe erfolgt eine Abschlussreflexion in der die Spielenden sich darüber austauschen können, wie sie das Spielgeschehen erlebt haben und was dies für sie als Gruppe ihrer Meinung nach gebracht hat.

Ablauf

Die Spielleitung begrüßt die Teilnehmenden zu einer neuen Ausgabe von „Fünf gewinnt!" – der wahrscheinlich verrücktesten Team-Show der Welt. In insgesamt fünf Runden spielen Teams von jeweils vier bis sieben Person gegeneinander. Alle Spielenden des siegreichen Teams erhalten jeweils fünf Punkte, die Mitglieder des zweiten Teams drei Punkte und dann immer einen Punkt weniger je nachdem wie viele Teams mitspielen. Nach dem letzten Spiel bekommen alle Spielenden, deren Gesamtpunktezahl durch fünf teilbar ist, noch fünf Bonuspunkte extra. Denn bei dieser Show ist der Name wahrlich Programm – Fünf gewinnt!

Bevor das erste Spiel startet, werden Teams mit jeweils fünf Personen gebildet. Dazu stellen sich alle Spielenden in einer alphabetischen Reihe nebeneinander auf. Entscheidend für die Reihenfolge ist in diesem Fall der Anfangsbuchstabe vom Vornamen der eigenen Mutter. Sobald alle Teilnehmenden sich aufgestellt haben, teilt die Spielleitung die Reihe in 5er-Gruppen auf, die gemeinsam ein Team bilden. Dann beginnt das erste Spiel. Alle Teams spielen gleichzeitig. Das Team, das zuerst drei Siegpunkte hat, gewinnt das Spiel.

Hilfsmittel:
Kartenset mit allen Buchstaben in mehrfacher Ausführung (analog zu Scrabble), pro Person einen Plastikteller, Frisbee o.ä., 30 – 50 kleine Fische aus Transparentpapier, 3 – 5 Sammelbehälter (z. B. Eimer, Topf), 10 – 14 kurze Schwimmnudeln, aufblasbarer Wasserball mit einem Durchmesser von ca. 30 cm, vier Pylonen o.ä. als Torpfosten, pro Person einen Fahrradschlauch, 10 – 15 Teppichfliesen, mehrere kurze Markierungsseile

Scrabble-Rennen

Nach dem Spiel werden die Punkte vergeben und alle Spielenden notieren, wie viele Punkte sie bekommen.

Wenn dies geschehen ist, werden wieder neue Teams mit jeweils fünf Personen gebildet. Dafür hat die Spielleitung mehrere Zettel mit Nummern von 1 – 5 in verschiedenen Farben vorbereitet, die von den Teilnehmenden aus einem blickdichten Beutel gezogen werden. Sobald die Teams klar sind, erklärt die Spielleitung das nächste Spiel. Gespielt wird in mehreren Runden. Das Team, das als Erstes drei Siegpunkte hat, gewinnt. Alle Teams spielen gleichzeitig.

Fische wedeln

Nun werden wieder Punkte vergeben, notiert und neue Teams gebildet. Diesmal kann die Größe der Teams ein wenig variieren – ideal ist eine Teamgröße von 4 – 7 Personen. Da immer nur zwei Teams gegeneinander spielen können, ist es sinnvoll entweder zwei oder vier Teams zu bilden.

Zur Einteilung der Teams sollen die Spielenden sich positionieren, welche Pasta sie am Liebsten mögen. Zur Auswahl stehen mehrere Nudelsorten. Sobald die gewünschte Anzahl an Personen zusammensteht, bilden diese ein Team und stellen sich nicht weiter auf.

Zur Auswahl stehen in einer ersten Runde Spaghetti Bolognese, Spaghetti Carbonara, Spaghetti Napoli oder Spaghetti Frutti di Mare. Anschließend steht zur Auswahl Lasagne, Canneloni oder Spinat-Lasagne. In den letzten beiden Runde geht es dann um die Frage Spaghetti oder Spirelli-Nudeln bzw. Parmesan ja oder nein. Nachdem sich alle über ihre Pasta-Vorlieben in Teams gefunden haben, erklärt die Spielleitung das nächste Spiel. Falls es mehr als zwei Teams gibt und das Spiel im Turniermodus gespielt wird, sollte jedes Spiel maximal drei Minuten dauern.

Barilla Ball

Nach der Punktevergabe geht es wieder zur Teameinteilung. Dafür sollen sich alle Teilnehmenden zunächst paarweise zusammenfinden und die Paare sich hintereinander aufstellen. Wenn alle Paare hintereinanderstehen, drehen sich die Spielenden zu ihrem Partner bzw. ihrer Partnerin und sprechen alle gemeinsam der Spielleitung Satz für Satz folgenden Text nach:

> Wir gehören zusammen.
> Denn du bist so toll.
> Du bist unwahrscheinlich toll.
> Du bist einfach der Hammer!
> Und darum ist es auch so schade....
> So jammerjammerschade...
> Aber im nächsten Spiel
> Sind wir nicht im gleichen Team.

Nach dem letzten Satz geht die Spielleitung durch das Spalier und trennt die beiden Seiten in zwei unterschiedliche Teams. In diesem Fall ist es egal wenn die beiden Teams mehr als sieben Personen haben. Das nächste Spiel ist ein Team-Duell bei dem zwei Gruppen gegeneinander antreten. Das Team, das zuerst fünf Siegpunkte hat gewinnt und bekommt fünf Punkte. Das andere Team bekommt drei Punkte.

Song Contest

Für die Teameinteilung des letzten Spieles stellt sich die Spielleitung in die Mitte und definiert in welcher Richtung Norden liegt. Dann sollen sich alle Spielenden gemäß ihres Wohnortes zur Spielleitung positionieren. Personen, die aus dem Norden angereist sind, stellen sich nördlich von der Spielleitung auf usw. Darüber hinaus ist die Entfernung zwischen Wohnort und Spielstätte relevant. Personen die von weiter weg angereist sind, stellen sich in größerer Entfernung zur Spielleitung auf, Personen, die in der Nähe wohnen, stehen mehr in der Mitte. Wenn alle Personen sich aufgestellt haben, bilden jeweils fünf Personen, die nah beieinander stehen ein Team. Ist die Gruppenzahl nicht durch fünf teilbar, sollte die Gruppe in mehrere Fünfer-Teams und ein oder zwei Viererteams aufgeteilt werden. Nun folgt das letzte Spiel.

Pentagon

Nach dem letzten Spiel erfolgt wie immer die Punktevergabe. Anschließend bekommen alle Spielenden, deren Punktestand durch fünf teilbar ist, nochmal fünf Bonuspunkte zusätzlich. Nun ist der Fünfkampf beendet und die Person mit den meisten Punkten bekommt vom Rest der Gruppe einen 50-sekündigen, tosenden Applaus und die Spielleitung erklärt die Spielshow für beendet.

Abschlussrunde

In einer abschließenden Gesprächsrunde lädt die Spielleitung alle Teilnehmenden zur Fünf-Finger-Reflexion ein. Jede Person soll anhand ihrer Finger eine Rückmeldung zur Spielshow geben.

Jeder Finger hat dabei eine andere Bedeutung:

1. Daumen – Das hat mir gut gefallen!
2. Zeigefinger – Darauf möchte ich hinweisen!
3. Mittelfinger – Das fand ich doof!
4. Ringfinger – So habe ich die Gruppe erlebt!
5. Kleiner Finger – Ein kleiner Wunsch von mir für unser Team!

Mit Blind-Joe auf der Jagd nach dem verborgenden Schatz!

Ort:
Online-Meeting mit der Möglichkeit, dass sich alle Spielenden gleichzeitig sehen können

Gruppe:
6 - 16 Personen

Dauer:
2 Stunden

Einsatzmöglichkeiten / Ziele:
Förderung des Gemeinschaftsgefühls, Aufbau eines Gruppengefühls

Rahmenhandlung

Die Gruppe unternimmt unter der Moderation der Spielleitung eine abenteuerliche Reise über die sieben Weltmeere. Ziel der Reise ist der berühmte Goldschatz von Blind Joe – einem berüchtigten Piratenkapitän. Auf dem Weg dahin müssen sich die Spielenden zunächst ebenfalls in Piraten und Piratinnen verwandeln und gemeinsam das ein oder andere Abenteuer bestehen.

Ablauf

Nach der Klärung aller organisatorischen Fragen setzt sich die Spielleitung eine Kapitänsmütze auf den Kopf, nimmt einen Säbel in die Hand und stimmt die Gruppe mit dem ersten Spiel auf die bevorstehende Schatzsuche ein.

Ahoi, ihr Möchtegern-Pirat*innen! Bevor wir gemeinsam in See stechen, müsst ihr aber zuerst mal etwas an eurem Erscheinungsbild ändern. So wie ihr gerade ausseht, können wir ja noch nicht mal über den Entenweiher schippern. Also, haltet euch ran. Als erstes mache ich mal echte Pirat*innen aus euch Landratten! Und nur damit das schon mal klar ist: Die Person, die als letztes am Start ist, muss für den Rest der Reise das Deck schrubben ...

Wer hat zuerst

1. ... eine passende Pirat*innen-Kopfbedeckung?
2. ... eine furchterregende Waffe in der Hand?
3. ... einen passenden Pirat*innen-Namen für sich gefunden und sich in unserem Online-Meeting entsprechend umbenannt?

Hilfsmittel:
Stabile Internetverbindung, Zoom-Account, Piratenkostüm, Säbel, Seekarte als PDF-Datei für das Spiel „Blinde Maus", Bilderrätsel „Blind Joe" als PDF-Datei, Comic von nichtlustig als PDF-Datei für den Schatztruhen-Inhalt, Songtext von dem ausgewählten Piratenlied für das Spiel „One-Take-Musikvideo"

Schon viel besser. Also nochmal ganz von vorne: Ihr seid Teil einer Pirat*innen-Crew und wollt euch auf die Suche nach einem legendären Schatz begeben. Ganz zu Beginn muss aber erstmal geklärt werden, wer Kapitän bzw. Kapitänin wird. Dazu gibt es bei uns folgende Tradition:

Evolution digitalis mit den folgenden Rollen:
1. Schiffskoch (im Topf rühren)
2. Kanonier*in (Ohren zu halten, schießen)
3. Seemann bzw. -frau (die Takelage hochklettern)
4. Offizier*in (flache Hand vor die Stirn halten und mit wichtiger Mine in die Ferne schauen)
5. Kapitän*in (sitzt in der Kajüte und arbeitet – kann die Kamera ausschalten)

Sehr gut. Dann ist die Rangordnung ja fürs erste geklärt. Euer Schiff braucht aber noch einen Namen.

Jeder Buchstabe ist anders
Pirat*innen sind bekanntlich nicht besonders redselig, aber als Verantwortlicher bzw. Verantwortliche für diese Reise muss ich natürlich dennoch wissen, wie ihr eure Crew einschätzt. Deshalb soll mal jede*r drei Adjektive in den Chat schreiben, wie er/sie die Gruppe bei der Bewältigung der ersten Aufgabe erlebt hat.

Reflexion: Drei Adjektvie
Endlich auf dem Wasser, müsst ihr alle zusammen die Segel ausrollen. Damit kein Durcheinander mit den Tauen entsteht, muss dies absolut im Einklang geschehen.

Fingerspitzengefühl
Auch nach dieser nervenaufreibenden Aufgabe geht es darum, wie ihr als Gruppe euer Miteinander bewertet. Dieses Mal in Form eines Standbildes. Wählt eine Körperhaltung, die eure Einschätzung zur Gruppe am besten zum Ausdruck bringt. Wenn alle soweit sind, macht die Spielleitung einen Screenshot und wer mag, kann anschließend noch etwas dazu sagen oder bei einer anderen Person nachfragen, falls deren Körperhaltung nicht eindeutig genug war.

Reflexion: Standbild
Ach verdammt. Ihr habt eine Brieftaube gefangen mit der Nachricht, dass Blind Joe zu einer Kaperfahrt hier in die Gegend aufgebrochen ist. Ihm dürfen wir auf keinen Fall begegnen, schließlich ist er der gefährlichste und brutalste Pirat aller Zeiten. Zum Glück stehen in der Nachricht die geplanten Kursdaten. Die Frage ist nur, ob es überhaupt eine Insel gibt, die nicht auf seiner Route liegt und auf der wir uns verstecken können.

Die Spielleitung zeigt der Gruppe mithilfe der Bildschirmfreigabe einen Ausschnitt aus dem folgenden Bilderrätsel und schreibt die Kursdaten von Blind Joe für alle lesbar in den Chat:

Bilderrätsel Pirat Blind Joe (Quelle: LOGO CARDS von Ravensburger Spieleverlag 1997)
Kursdaten: Start Pelican Point, SW, N, SO, N, NO, NW, SW, SO, S, NW, S, S, Tuna Bay

Nachdem ihr genügend lange gewartet habt, stecht ihr wieder in See mit Kurs auf die Schatzinsel. Auf einmal kommt ein heftiger Sturm auf. Der Wind peitscht übers Deck und ist so laut, dass eine Kommunikation so gut wie unmöglich ist. Das ist nicht gut, denn gerade im Sturm gibt es jede Menge zu tun. Dazu gehören zum Teil auch völlig skurrile Kommandos, die auf den ersten Blick so gar nichts mit der Seefahrt zu tun haben. Zum Glück gibt es für jedes Kommando ein Expert*innenteam, das dafür sorgt, dass alle Kommandos richtig umgesetzt werden und ihr heil durch den Sturm kommt.

Panto-Team-e
Man sagt, dass im Sturm die Meeresmonster ihr Unwesen treiben. Manchmal erscheinen sie sogar den Menschen und zeigen ihnen, wie es in deren Innerem aussieht. Wie ist es euch bei der letzten Aufgabe im Sturm ergangen? Die Spielleitung zeigt über die Bildschirmfreigabe ein Foto mit verschiedenen Gefühlsmonsterkarten. Nacheinander kann jede*r sagen, wie es ihr/ihm ergangen ist und welches Gefühlsmonster am besten dazu passt.

Reflexion: Gefühlsmonster

Pause (spätestens zu diesem Zeitpunkt empfiehlt sich eine zehnminütige Bildschirmpause für die Spielenden)
Ihr habt es fast geschafft. Mit dem Wissen, dass euch nur noch ein paar Seemeilen von dem ersehnten Schatz trennen, stimmt ihr gemeinsam ein Pirat*innen-Lied an.

One-Take-Musikvideo
Die Gruppe soll zusammen ein Musikvideo drehen. Dazu bieten sich entweder das Lied „Piraten" von der Kölner Karnevalsband Kasalla an oder das Piratenlied von der Kinderrockband „Radau".

Nach der Vorstellung der Aufgabe wird der Liedtext in den Chat gestellt und die Gruppe hat zehn Minuten Zeit, einen Regisseur bzw. eine Regisseurin zu bestimmen, die Aufgaben zu verteilen und sich vorzubereiten. Dann geht es los, egal wie weit die Gruppe ist …

Nach der Aufnahme geht die Spielgeschichte direkt weiter …

Land in Sicht! Die Schatzinsel ist zum Greifen nahe. Ihr teilt euch in Kleingruppen auf und versucht, mit mehreren Booten die Insel zu erreichen. Wenn es einem Boot gelingt, die Insel unbeschadet zu erreichen, habt ihr es geschafft und könnt den Schatz auf eurem Schiff in Empfang nehmen.

Blinde Maus

Die Gruppe wird in Dreiergruppen eingeteilt und kann schon mal üben, sich gegenseitig zu navigieren. Nach ein paar Minuten kommen alle wieder zusammen und ein Boot nach dem anderen startet die Überfahrt zur Insel.

Herzlichen Glückwunsch! Ihr habt den Schatz gefunden. Die Spielleitung zeigt der Gruppe mithilfe der Bildschirmfreigabe den folgenden Comic von nichtlustig:

In der abschließenden Gesprächsrunde lädt die Spielleitung die Spielenden ein, die beiden folgenden Fragen zu beantworten:

1. Wie hat euch die Schatzsuche gefallen?
2. Welche Erfahrung/Erkenntnis in Bezug auf eure Gruppe nehmt ihr für euch mit?

Möge die Macht mit euch sein!

Ort:
Großer Raum, Wiese

Gruppe:
6 - 16 Personen

Dauer:
2 Stunden

Einsatzmöglichkeiten / Ziele:
Förderung des Gemeinschaftsgefühls und der Kooperationsfähigkeit

Rahmenhandlung

Die Gruppe taucht ein in die Welt von Star Wars. Die Spielenden werden zu Jedis und müssen mehrere Hindernisse und Abenteuer überwinden, um das Imperium zu besiegen.

Ablauf

Wir tauchen ein in die Tiefen der Galaxis und finden uns wieder auf Nubia, einem Planeten der sogenannten Kernwelten. Das Imperium hat den Planeten unterworfen und alle Bewohner*innen leiden unter den ständig wiederkehrenden Besuchen von Darth Vader, einem der mächtigsten Gefolgsleute des Imperators...

Darth Vader

Ihr beschließt etwas gegen die Terrorherrschaft des Imperiums zu unternehmen und tretet dem alten Jedi-Orden bei. Dieser hilft allen machtspürenden Individuen, die helle Seite der Macht zu erkunden und bildet sie in den alten Künsten des Schwertkampfes aus. Im Rahmen dieser Ausbildung finden immer wieder kleinere Schwertkampf-Turniere statt, an denen auch ihr teilnehmt...

Kampf der Jedis

Nachdem ihr eure Fertigkeiten im Schwertkampf trainiert habt, geht es im nächsten Schritt darum, die Macht zu spüren, um im geeigneten Moment zuzustoßen. Auch dazu gibt es in der Ausbildung der Jedis einen eigenen Wettbewerb – den berühmt-berüchtigten Ringkampf!

Ringkampf

Nun seid ihr bereit im Kampf gegen das Imperium. Doch zunächst gilt eure Aufmerksamkeit dem Schutz der bedrohten Völker und Spezies. In einer gut geplanten Rettungsaktion gebt ihr euer Bestes, um mithilfe eurer Jedi-Fähigkeiten so viele Raumschiffe (Bälle) wie möglich in Sicherheit zu bringen. Doch es gibt nur noch wenige Planeten in der Galaxis, die noch nicht von den Kräften des Imperiums erobert worden sind und der Weg dorthin ist voller Hindernisse und Gefahren...

Nudeltransporter

Geschafft. Der Konvoi mit Raumschiffen hat sein Ziel erreicht. Nach Abschluss der Rettungsaktion müsst ihr den Ordensoberen Rechenschaft über eure Mission ablegen. Doch was sollt ihr ihnen mitteilen? Zuerst beraten die drei Kleinteams darüber, wie die Gruppe den von ihnen vorbereiteten Teilabschnitt absolviert hat. Die Teams notieren, was gut gelaufen ist und an welchen Punkten es Verbesserungspotential gegeben hat – sowohl hinsichtlich der Planung als auch in der Durchführung. Anschließend werden die Ergebnisse in der ganzen Gruppe gesammelt und gemeinsam ein Bericht an den Jedi-Orden verfasst. Aufgrund der notwendigen Verschlüsselung darf dieser nur maximal 140 Zeichen betragen und soll in Form einer antiken und dem Imperium unbekannten Kommunikationsmöglichkeit namens SMS verschickt werden.

Reflexion in Form von Kleingruppengesprächen, einem Gruppengespräch und einer gemeinsamen SMS
Auch wenn es gelungen ist, einigen Völkern und Spezies zur Flucht zu verhelfen, seid ihr frustriert darüber, dass nicht alle Raumschiffe sicher ans Ziel gelangt sind. Deshalb beschließt ihr, in die Gegenoffensive zu gehen und heckt einen verwegenen Plan aus. Dazu müsst ihr nur unbemerkt in den Schlachtkreuzer der imperialen Flotte eindringen und die Daten zu den Bauplänen des Todessterns stehlen. Der Raum mit den Daten im Inneren des Schlachtkreuzers ist mit großflächigen Bodensensoren gesichert, die jeden Eindringling sofort bemerken. Es sei denn, dieser bzw. diese sind im Besitz von Lichtschwertern und berühren gar nicht den Boden.

Über sieben Nudeln musst du gehen
Das Zentrum der dunklen Macht ist der Todesstern – eine Raumstation so groß wie der Mond mit einer Feuerkraft, die ausreicht, um ganze Planeten zu vernichten. Im Inneren des Todessterns befindet sich dessen Energiezentrum. Mit einem gezielten Laser direkt in dieses Energiezentrum könnte der Todesstern implodieren und das Imperium wäre am Ende. Dieser finale Laser kann allerdings nicht von außen abgeschossen werden, sondern muss aus dem Inneren heraus abgefeuert werden, d.h. ein Raumgleiter muss den Weg durch die verschiedenen Kanäle ins Innere des Todessterns finden, einen gezielten Schuss absetzen und anschließend so schnell wie möglich herausfliegen. Im Grunde eine unmögliche Aufgabe, aber eben auch eure einzige Chance...

Hilfsmittel:
Pro Person 1 kurze Schwimmnudel und 1 kleiner Gegenstand (z. B. Bauklötzchen, Bierdeckel, Streichholzschachtel o.ä.), mehrere Augenbinden, 2 Markierungsseile, Befestigungsmöglichkeit oberhalb der Spielfläche, 1 Ring mit einem Durchmesser von 10 – 15 Zentimetern, Schnur zum Aufhängen des Ringes, 15 – 20 Bälle in unterschiedlicher Größe (Golfball bis Wasserball), 4 Eimer oder Behälter für die Bälle, 4 kurze Seile, 1 großer Behälter (z. B. Gartenbag), 10 – 20 Gegenstände als Hindernisse (z. B. Stühle, Eimer o.ä.)

Nudelzielwurf – Variante D
Unabhängig davon, ob es der tapferen Schar Jedis gelungen ist, den Todesstern zu vernichten oder nicht, gilt es am Ende Resümee zu ziehen. Eine Weisheit der Jedis besagt, dass die Macht mit jeder Aktion stärker in einer Person wirkt und von anderen zu spüren ist. In welchen Momenten habt ihr die helle Seite der Macht in euch oder den anderen gespürt? Gab es Situationen, in denen ihr euch als Gruppe besonders stark erlebt habt? Was hat diese Situationen ausgezeichnet?

Abschlussrunde mit gegenseitigem Feedback

Wir sind ein Team. Holt uns hier raus!

Ort:
Großer Raum, Wiese

Gruppe:
6 - 16 Personen

Dauer:
2 Stunden

Einsatzmöglichkeiten / Ziele:
Förderung des Gemeinschaftsgefühls und der Kooperationsfähigkeit

Rahmenhandlung

Der Fernsehsender RTL hat eine neue Spielshow gestartet. In dieser Show geht es um die Frage, ob und wie es möglich ist, aus zufällig ausgewählten Individuen ein Team zu formen. Um das Ganze medial möglichst spektakulär in Szene zu setzen, hat der Sender bewusst eine Reise arrangiert bei der die Teilnehmenden eine Reihe ungewöhnlicher Herausforderungen zu bewältigen haben und die Zuschauenden in eine exotische Welt entführt werden. Spektakulärer Höhepunkt ist ein erloschener Vulkan in dessen Krater die Teilnehmenden steigen sollen. Nur wenn es ihnen bis dahin gelingt, als Team zusammenzuwachsen, wird sie ein Helikopter herausholen und zurück in die Zivilisation fliegen.

Ablauf

Ganz zu Beginn der Spielshow steht das erste große Treffen der Teilnehmenden an und die Frage, was diese von den anderen Kandidat*innen eigentlich halten. Das Moderatoren-Team setzt dabei ganz auf den ersten Eindruck und hat die Teilnehmenden vor einem richtigen Kennenlernen direkt in mehrere Kleingruppen aufgeteilt. Innerhalb dieser Kleingruppen werden die einzelnen Personen aufgefordert, aufzuschreiben, wie sie die anderen in bestimmten Situationen einschätzen. Die Teilnehmenden können dabei natürlich nur spekulieren, aber das macht ja gerade den Reiz aus. Und die Show ist ja schließlich auch nicht Teil der Öffentlich-Rechtlichen, also gibt es keinen Grund, sich mit der eigenen Meinung zurückzuhalten...

Spekulation

Nachdem die größten Fehleinschätzungen aus dem Weg geräumt werden konnten, begibt sich die Gruppe zum eigentlichen Startpunkt der gemeinsamen Reise. Ziel ist ein abgelegenes Atoll im Pazifischen Ozean, das Teil des berühmten und viel besungenen „Ring of Fire" ist. In der Mitte des mit Dschungel bewachsenen Eilandes steht ein erloschener Vulkan – aber bis dahin ist es noch ein weiter Weg.

Zur Einstimmung begibt sich die Gruppe zunächst aufs Wasser und spielt das Leben der Pirat*innen nach, die vor mehreren hundert Jahren hier vor Anker lagen. Passend zum Motto der Show hat das Moderatoren-Team ein Spiel rausgesucht, das vordergründig den Teamgeist stärken soll. Die Teilnehmenden bilden jeweils zu zweit ein Team und bestimmen gemeinsam wo sie langlaufen sollen. Dumm nur, dass immer nur eine Person von der eingeschlagenen Richtung profitiert...

Hilfsmittel:
Moderationskarten, Stifte, ein langes Kletterseil, 2 Seile als Markierungslinien, 18–20 Teppichfliesen, pro Person ein Fahrradschlauch, 4–12 Gymnastikreifen, Moderationskarten, Tacker, 3–4 Stühle, 4–6 stabile Tische, Dixit-Karten, Karten mit den verschiedenen Formen von Einander, Karten mit Aufgabenbeschreibungen (Mein Beitrag – Dein Beitrag)

Kaperfahrt

Nachdem die Bootstour den Gruppenprozess mit genügend Gesprächsstoff für mehrere Tage versorgt hat steht nun endlich die erste richtige Herausforderung als Team an. Die Gruppe soll mithilfe eines Seiles den Weg durch den Dschungel finden. Der Sender möchte es den Teilnehmenden dabei nicht zu einfach machen und hat deshalb das Seil in einem großen Knäuel auf den Boden legen lassen. Alle sollen gleichzeitig das Seil packen und dann gemeinschaftlich dafür sorgen das Knäuel zu entknoten. Wenn alles gut läuft, stehen am Ende alle in einem großen Kreis nebeneinander und haben schon erste Ideen, wie sie als Team zusammenarbeiten...

Seilgewirr

Nach einer kurzen Wanderung durch den Dschungel steht die Gruppe vor einer Felswand. Bei der Überwindung dieses Hindernisses hat sich der Sender etwas ganz Besonderes ausgedacht. Anstatt die Teilnehmenden in einer normalen Seilschaft abzusichern, bekommen alle einen speziellen Klettergurt, der sie jeweils mit den beiden Personen zur Rechten und zur Linken absichert. Somit ist die ganze Gruppe in einem Kreis miteinander verbunden und es gibt von Seiten des Senders keinerlei Hinweise oder Hilfestellungen in Bezug auf eine mögliche Gruppenhierarchie. Zusätzlich hat das Moderatoren-Team noch die Regel aufgestellt, dass die Person, die als Letztes in die Felswand einsteigt, als Erstes oben ankommen soll. Dem Publikum zuhause vor den Bildschirmen soll ja schließlich was geboten werden...

Unter Spannung

Nach so viel Action und Abenteuer ist es endlich Zeit für eine kleine Reflexion. Aber anstatt einfach direkt zu sagen, was eine Person denkt oder fühlt, sollen zunächst alle ein Bildmotiv aussuchen und dann sagen die anderen, was ihnen dazu einfällt. Das fördert die Empathie unter den Teilnehmenden und sorgt gleichzeitig für gute Unterhaltung.

Sag mir was ich denke

Auf dem Weg hoch zum Vulkan kommt die Gruppe zu einer Passage in der noch heiße Lava den Boden bedeckt. Der Sender hat zur Überwindung dieses Streckenabschnitts mehrere hitzebeständige Bodenschilder besorgt, die von der Gruppe genutzt werden können. Allerdings sind diese immer nur für eine bestimmte Anzahl an Personen zugelassen und nicht ganz einfach im Handling. Aber gemeinsam werden die Teilnehmenden es schon schaffen.

Reifengraben

Die Gruppe steht direkt unterhalb des Kraters und die Show nähert sich ihrem Höhepunkt. Wird es der Gruppe gelingen, über den Kraterrand zu steigen? Und eigentlich noch wichtiger, wird es das als Team schaffen? Um auszuloten, wie sehr der Zusammenhalt innerhalb der Gruppe bereits gewachsen ist, sollen die Teilnehmenden beschreiben, wie sie das Einander bislang erlebt haben.

Einander

Im großen Finale müssen die Teilnehmenden gemeinsam über den Kraterrand steigen, um in das Innere des Kraters zu gelangen. Der Kraterrand ist allerdings so brüchig, dass dieser auf keinen Fall berührt werden darf.

Meeting Point

Die Gruppe hat es geschafft. In einer letzten gemeinsamen Teamarbeit ist es allen Teilnehmenden gelungen in den Krater zu steigen ohne dabei den Kraterrand zu berühren. Völlig zurecht dürfen sie daher laut das Motto der Show rufen und bequem mit dem Helikopter zurück in die Heimat fliegen.

In einer Aftershow-Ausgabe werden die Teilnehmenden von dem Moderatoren-Team zu ihren Erlebnissen gefragt. Dabei sollen alle überlegen, welchen Beitrag sie zum Gelingen geleistet haben und wie sie die anderen im Nachhinein einschätzen. Danach endet die Staffel.

Mein Beitrag - Dein Beitrag

Zeitreise durch die Corona-Pandemie

Rahmenhandlung

Im Rahmen einer spielerischen Spieltherapie durchleben die Spielenden noch einmal im Schnelldurchlauf die verschiedenen Phasen der Corona-Pandemie – angefangen von der Zeit der ersten gemeldeten Coronafälle in Deutschland bis hin zu dem Zeitpunkt, an dem ein Großteil der Bevölkerung geimpft oder genesen ist und die allermeisten Schutzmaßnahmen wieder verschwunden sind. Zwischen den verschiedenen Spielen gibt es die Möglichkeit des Austauschs. Der Fokus der Reflexionsrunden kann sowohl auf dem gemeinsamen Miteinander liegen als auch auf den Austausch der persönlichen Erfahrungen während der Pandemie gerichtet werden – je nachdem, mit welcher Gruppe gespielt wird und was das Ziel der Spieleinheit sein soll.

Ort:
Großer Raum, Wiese, 6 – 8 Meter lange Wand oder Mauer mit genügend Platz davor

Gruppe:
6 – 16 Personen

Dauer:
2 Stunden

Einsatzmöglichkeiten / Ziele:
Förderung des Gemeinschaftsgefühls und der Kooperationsfähigkeit, Auseinandersetzung mit den verschiedenen Erlebnissen und Erfahrung während der Pandemie

Ablauf

Die Spielleitung begrüßt die Anwesenden und lädt sie zu einer spieltherapeutischen Zeitreise durch die Corona-Pandemie ein. Startpunkt der Reise ist Freitag, der 13. März 2020. Das Coronavirus war zwar schon zuvor bekannt, kursierte bis dato aber vor allem als neuartige Viruserkrankung in China (Wuhan) und war nur ab und an in den hiesigen Medien. Nach mehreren Virusfällen in Deutschland kam es am 13. März 2020 zum ersten Mal zu einer flächendeckenden Schutzmaßnahme – Veranstaltungen wurden abgesagt; alle Menschen wurden aufgefordert, Kontakte zu reduzieren und sich zu schützen. Ein Spiel, das die damals vorherrschende Stimmung am besten widerspiegelt, ist „Hilfe, Zombie!".

Hilfe, Zombie!

Im Frühsommer 2020 kam es dann zu bundesweiten Lockdowns mit Schließungen von Schulen, Geschäften und Restaurants. Grund war vor allem die Verbreitung von ersten Virusmutationen, die noch gefährlicher und viel ansteckender waren als die erste Virusvariante. Vorherrschend für diese Zeit war ein stetiger Wechsel von Lockdown und zeitweiser Öffnung, bei dem jeder Kontakt zu anderen Menschen als potentiell bedrohlich erlebt werden konnte.

Mutanten unter uns

Viele Menschen reagierten verängstigt und es kam zu Hamsterkäufen in den Supermärkten …

Aasgeier

Da es zu diesem Zeitpunkt noch keinen Impfstoff gab, bestand der einzige Schutz der Bevölkerung in der Einhaltung der sogenannten AHA-Regeln. Alle Menschen wurden aufgefordert, sich an die Abstandsregeln zu halten. Es wurden überall Schutzwände und Abstandshalter aufgestellt. Die Aufgabe bestand nun darin, den Alltag wie gewohnt zu bewältigen und gleichzeitig die bestehenden Abstandsregeln zu beachten. In dieser herausfordernden Situation gab es auch Solidaritätsbekundungen mit dem Pflegepersonal. Viele Menschen haben trotz dieser Regeln versucht, Gemeinschaftserlebnisse zu kreieren.

Hilfsmittel:
Für jede Person eine kurze Schwimmnudel, 2 Gymnastikreifen, pro Spieler*in eine Teppichfliese als Bodenmarkierung, 30 – 50 kleine Bälle (Soft- oder Tennisbälle), 1 – 2 feste Bälle in der Größe eines Fußballes oder größer (keine Softbälle), 2 Stühle oder andere Gegenstände als Hindernisse, Kreppklebeband, Aufgabenkarten für das Familienfoto

Stockballett mit anschließender Gesprächsrunde

In der anschließenden Gesprächsrunde tauschen sich die Spielenden darüber aus, wie sie die Aufgabe und ihre Lösung als Gruppe erlebt haben. Die Gruppe soll benennen, was in der Zusammenarbeit gut geklappt hat und worauf sie bei den nächsten Spielen verstärkt achten wollen. Die Spielleitung schreibt die Ergebnisse auf Moderationskarten und fragt in die Gruppe, wer von den Spielenden beim nächsten Spiel darauf achtet, dass die beschlossenen Punkte auch eingehalten und umgesetzt werden.

Dann kamen die ersten Impfstoffe in Umlauf und nach und nach war ein Teil der Bevölkerung geimpft oder genesen. Zudem gab es eine Fülle an Testmöglichkeiten und die vorherrschende Virusvariante galt größtenteils als harmloser als ihre Vorgängervarianten. Die Schutzmaßnahmen wurden zum Teil fallengelassen und kurze Zeit später wiedereingeführt. Die Bestimmungen änderten sich gefühlt jede Woche. Zudem gab es je nach Bundesgebiet und Gesellschaftsbereich große Unterschiede und es kam zu Regelungen, die nur bedingt sinnvoll erschienen und zum Teil auch widersprüchlich wirkten. In dieser Zeit war es das Beste, die bestehenden Regelungen einigermaßen einzuhalten und diese nicht weiter zu hinterfragen.

Ball entlang mit anschließender Gesprächsrunde

Nach der Aufgabe sollen die Spielenden sagen, was aus ihrer Sicht das Schwierigste an dem Spiel war und wie sie mit dieser Schwierigkeit umgegangen sind. Die Spielleitung fragt nach, inwieweit es der Gruppe gelungen ist, die beschlossenen Punkte aus dem vorherigen Spiel zu beachten und ob für sie ein Entwicklungsprozess erkennbar ist. Danach geht es mit der Zeitreise weiter.

Mit dem Sommer 2022 wurden dann fast alle Schutzmaßnahmen fallengelassen und das „normale" gesellschaftliche Leben kehrte wieder ein. Viele Gruppen trafen sich wieder in Präsenz und wollten ausgefallene Gemeinschaftserlebnisse nachholen. Doch die vielen Einschränkungen und Gefährdungsmeldungen sind nicht spurlos an den Menschen vorbeigegangen. Viele haben in der Zeit des Alleinseins Schrullen und Eigenheiten entwickelt und die Rückkehr zur Normalität gestaltete sich manchmal schwieriger als gedacht.

Familienfoto mit anschließender Gesprächsrunde

Sobald die Gruppe es geschafft hat, sich regelkonform aufzustellen und ein Familienfoto zu machen, lädt die Spielleitung die Gruppe zu einer abschließenden Gesprächsrunde ein. Alle Spielenden werden eingeladen zu überlegen, was sich aus ihrer Sicht durch die Pandemie im gemeinsamen Miteinander geändert hat. Die Gruppe soll gemeinsam überlegen, wie sie darauf reagieren kann und wie sie mit den Veränderungen umgehen möchte.

Autor und Illustratoren

Weitere Infos und Kontakt unter **www.abenteuer-spiel.de**

Christoph Sonntag, Diplom-Sozialpädagoge

- Jahrgang 1975
- lebt mit Familie, Hund und Hühnern in Brühl in der Nähe von Köln
- Begeisterter Spieler und Erfinder zahlreicher Gruppenspiele, insbesondere Kennenlernspiele, Bewegungsspiele und Kooperationsspiele
- Autor verschiedener Spielebücher und Artikel zum Thema Spiel
- Erfinder von Gummihuhngolf – einem Teamspiel der ganz besonderen Art
- Leiter von Fortbildungen für Haupt- und Ehrenamtliche im Bereich „Spielerische Erlebnispädagogik"
- Anbieter von spielerischen Team-Buildings für haupt- und ehrenamtliche Teams

Internet:
www.JochenPlogsties.de

Jochen Plogsties

- wurde 1974 in Cochem an der Mosel geboren
- Er hat 2008 den Meisterschülerabschluss der Hochschule für Grafik und Buchkunst in Leipzig bei Neo Rauch erhalten
- Seitdem lebt und arbeitet er als freischaffender Künstler in Leipzig

Mara Jetter

- geboren 2005 in Augsburg
- besucht die Fachoberschule mit Ausbildungsrichtung Gestaltung in Augsburg
- bearbeitet frei Gestaltungs- und Designarbeiten